ENNO MÜNSTER

Oma hat
Reservehaut
am Arm

Kindersprüche
unzensiert

GOLDMANN

Sollte diese Publikation Links auf Webseiten Dritter enthalten, so übernehmen wir für deren Inhalte keine Haftung, da wir uns diese nicht zu eigen machen, sondern lediglich auf deren Stand zum Zeitpunkt der Erstveröffentlichung verweisen.

Verlagsgruppe Random House FSC® N001967

 Dieses Buch ist auch als E-Book erhältlich.

1. Auflage
Originalausgabe Juli 2018
Copyright © Wilhelm Goldmann Verlag, München,
in der Verlagsgruppe Random House GmbH,
Neumarkter Str. 28, 81673 München
Umschlag: Uno Werbeagentur, München
Umschlagmotiv: Gettyimages/gaiamoments
Satz: Satzwerk Huber, Germering
Redaktion: Birthe Vogelmann
Druck und Bindung: GGP Media GmbH, Pößneck
Printed in Germany
CH · Herstellung: IH
ISBN 978-3-442-17731-8
www.goldmann-verlag.de

Besuchen Sie den Goldmann Verlag im Netz:

Inhalt

Für Mia

Vorwort

Es gibt wohl keine Familie, in der man sie sich nicht erzählt: die lustigen, originellen Sprüche aus Kindermund. Vor allem Kinder im Alter zwischen drei und sieben Jahren sind eine unerschöpfliche Quelle verblüffender und komischer Äußerungen. Manchmal spricht eine geradezu philosophische Weisheit aus ihren Fragen und Bemerkungen, und manchmal handelt es sich einfach um unfassbar komische Missverständnisse und Fehlschlüsse. Häufig bringen Kinder ihre Eltern damit ganz arglos in wunderbar peinliche Situationen.

Auch in unserer Familie gibt es natürlich legendäre Anekdoten, die bei Familienfeiern immer wieder zum Besten gegeben werden und zu immer neuen Lachanfällen führen. Manche handeln von Missgeschicken und kleinen Unfällen. Aber die meisten sind Fragen und Erkenntnisse von uns Kindern, die meine Mutter aufgeschrieben hat. Meine Schwester fragte zum Beispiel meine hochschwangere Mutter, als sie zusammen am Check-in-Schalter in der Schlange standen: »Mama, wie kommt das Baby denn in den Bauch rein?« Meine Mutter sagte dann nur, während die halbe Check-in-Schlange grinste: »Das erkläre ich dir später.« Auch ich schaffte es, meiner Mutter die Röte ins Gesicht zu treiben, als ich das erste Mal in meinem Leben einen dunkelhäutigen Mann in natura sah und laut fragte: »Mama, wo hat der denn seinen Speer?« (Tja, so ist das, wenn der einzige Dunkelhäutige, den man je gesehen hat, der kleine Junge aus dem Bilderbuch ist, der immer einen Speer trug). Die Frage »Mama, wo schwimmen denn hier die Fischstäbchen?«, die der Sohn von Freunden meiner Eltern auf einem Krabbenkutter stellte, blieb in erheiternder Erinnerung.

Auch unsere Tochter Mia posaunt zusammen mit ihren Freunden am laufenden Band Bemerkenswertes in die Welt hinaus. Besonders erquickt hat mich natürlich ihr Satz: »Ich heirate mal Papa, da weiß ich, dass er lieb ist.« Aus Sprüchen wie diesem entstand die Sammlung »Kindermund« auf meiner Webseite www.kinderspruch.de. Und sie ergab reihenweise Highlights wie dieses hier: Maja (2) schaut lange nachdenklich ihre neugeborene Schwester an. Schließlich fragt sie: »Mama, da, wo sie herkommt ... gab's da noch andere, oder mussten wir die nehmen?«

Sprüche aus Kindermund sind, wie es der Volksmund sagt, meistens die unverblümte Wahrheit – und sie zeigen einen anderen Blick auf die Erwachsenenwelt. Deshalb bringen sie uns Erwachsene zum Schmunzeln, Nachdenken oder Staunen. Ich hoffe, Sie auch – viel Spaß beim Lesen. Und wenn Sie einen Kindermund haben, dann posten Sie ihn doch auf meiner Webseite oder meiner Facebookseite www.facebook.com/kinderspruch.

Enno Münster, Hofheim, Juni 2017

Schwangerschaft & Geburt

Niklas (5): »Mama, als ich auf die Welt gekommen bin und ihr gesehen habt, dass ich Niklas heiße, habt ihr euch da gefreut?«

Philipp, (6): »Wir sind drei Kinder in der Familie – aber keine Zwillinge. Das hat meine Mami nicht geschafft …«

Luca (5): »Mama, ich will eine Schwester.«
Mama: »So einfach ist das nicht.«
Luca: »Doch, du musst den Papa einfach nochmal heiraten, dann gibt's dazu ein neues Baby!«

Ferdinand (5): »Ich bin im Krankenhaus geboren – ich weiß auch nicht, was ich Schlimmes hatte …«

Leonie (4), die nach schwangeren Kühen zum ersten Mal eine schwangere Frau sieht: »Mama, da läuft eine trächtige Frau, muss die Frau auch bald abkalben?«

Kurz nach der Entbindung seines kleinen Bruders sieht Ilyas (3) Mamas Bauch an und sagt: »Mama, der ist zu laut, kann der wieder da rein?«

Alice (5): »Mama, ich möchte gern ein Geschwisterchen.«
Mama: »Einen Bruder oder ein Schwesterchen?«
Alice: »Was ist denn schneller fertig?«

Oma zu Kamil (4), dessen Familie gerade Nachwuchs bekommen hat: »Wie findest du deine kleine Schwester?«
Kamil: »Gut, aber wir hätten andere Dinge nötiger gebraucht.«

Mia (5) steht mit Mama an der Kasse, um Futter für Hasen zu kaufen, die sie demnächst bekommen soll. Mia zur Kassiererin: »Ich bekomme zwei Hasen, ich wünsche mir ein Brüderchen und ein Schwesterchen.«
Kassiererin: »Da musst du aber aufpassen, dass die nicht viele Kinder bekommen.«
Mia: »Wieso? Die sind doch Bruder und Schwester.«
Kassiererin: »Das erklärt dir besser die Mama ...«

Joel (5) sieht eine Schwangere, deren Bauchnabel etwas raussteht. Er zeigt auf den Bauchnabel und sagt aufgeregt: »Mama, ich kann die Nase vom Baby schon sehen.«

Emma (3), die ein Geschwisterchen bekommt, beim Blick auf den Bauch ihres Papas: »Ist bei dir auch ein Baby im Bauch?«

Mia (4): »Wie alt war ich bei meiner Geburt?«

Julian (4) fragt seine Oma: »Liebst du Opa?«
Oma: »Natürlich liebe ich den Opa.«
Julian: »Warum macht ihr kein Baby, wenn ihr euch doch liebt?«
Oma: »Nein, dafür sind wir zu alt.«
Julian: »Dann macht doch ein altes Baby.«

Maxim (4): »Gell, Mama, dich hat die Oma geboren?«
Mama: »Ja.«
Maxim: »Dann hat der Opa den Papa geboren, oder?«

Joelina (3) besucht mit Mama eine Freundin im Krankenhaus, die ein Baby bekommen hat. Vom Flur aus schaut sie die Babys im Babyzimmer durch die Scheibe an.
Mama: »Na, möchtest du, dass wir auch noch ein Baby in unserer Familie bekommen?«
Joelina: »Oh ja, Mama, aber bitte so ein schwarzes!«
(Man muss dazu sagen, dass alle in der Familie helle Hautfarbe haben.)

Maja (2) schaut lange nachdenklich ihre neugeborene Schwester an. Schließlich fragt sie: »Mama, da, wo sie herkommt ... gab's da noch andere, oder mussten wir die nehmen?«

> Amy (4): »Mama, war ich auch in deinem Bauch?«
> Mama: »Ja.«
> Amy: »Wo denn?«
> Mama zeigt es ihr.
> Amy: »Boah, da muss ich aber noch klein gewesen sein.«
> Mama: »Ja, ganz klein.«
> Amy: »Habe ich da auch gegessen?«
> Mama: »Ja.«
> Amy: »War da auch ein Tisch und ein Teller drin?«

Miguel (4) bekommt eine kleine Schwester. Als er sie zum ersten Mal sieht, bekommt er ganz große Augen. Er begutachtet sie von allen Seiten und schaut ihr, als die Kleine gähnt, in den Mund. Da ruft er laut: »Mami, die müssen wir umtauschen, die hat ja keine Zähne!«

Danny (4) klärt seinen Freund Ali (4) auf: »Babys, die zu früh geboren werden, kommen erst einmal in den Brotkasten.«

Hugo und Marlon (beide 5) unterhalten sich.
Marlon fragt: »Wo bist du geboren?«
Kurze Denkpause.
Hugo: »Na, in Deutschland.«
Marlon: »Also, ich bin im Krankenhaus geboren.«

Luis (4) hinten im Auto auf der Heimfahrt vom Kindergarten, ganz nachdenklich: »Mama, wann haben wir uns eigentlich kennengelernt?«

Lydia (7) schaut Mama beim Essen auf den Bauch und meint: »Also, wenn man dich so anschaut, könnte man meinen, du bist nochmal schwanger ...«

Lina (2) fragt: »Mama, war ich wirklich in deinem Bauch?«
Mama: »Ja.«
Lina: »Das war aber lieb von dir. Wenn du alt bist, dann kommst du eben in meinen Bauch!«

Marija (3): »Mama cremt ihren Bauch immer mit Öl ein, damit unser Baby später keine Streifen bekommt.«

Lewis (5): »Mama, ich bin NUR DEIN Kind. Ich war schließlich in DEINEM Bauch. Papa hat mich bestellt, und du hast mich zusammengebaut.«

Ulrike (4): »Ich bin am 12. Februar geboren.
Komisch, genau an meinem Geburtstag.«

Die Geschwister Alexandra und Daniela (8 und 10)
sehen sich mit ihren Eltern einen Dokumentarfilm
darüber an, wie ein Baby entsteht.
Nach dem Film fragt Alexandra entsetzt: »Was, und
IHR habt DAS auch schon zweimal gemacht?«

Lotta (6) bekommt von ihrer Mama erklärt, dass sie sich in
ihrem Bauch von dem Mutterkuchen ernährt hat.
Einen Tag später fragt sie: »Mami, wie hieß gleich die Torte,
die ich in deinem Bauch gegessen hab?«

**Anna (4): »Mama, ich weiß, wo die Babys
herkommen.«
Mama: »Ja, die bringt der Storch.«
Anna: »Nein, Mama, die kommen durch den
Bauchnabel aus dem Bauch.«**

Kira (7) hat zwei Brüder. Als Mama (schwanger) ihr
erzählt, dass wieder ein Junge zu erwarten ist, sagt sie
verzweifelt und wütend: »Warum gibt Gott mir immer
nur Brüder?«

**Olive (4) fragt eine schwangere Frau: »Musst du dir jetzt
eine Kuh kaufen?«
Frau: »Nein, warum fragst du?«
Olive: »Das Baby braucht doch viel Milch!«**

Tina (4) verkleidet sich als Schwangere, indem sie sich einen Ball unter den Pulli steckt. Die anderen Kinder fragen, ob sie das »Kind« sehen dürfen. Tina daraufhin: »Neeeee, das geht erst, wenn es ausgebrütet ist.«

Lucas (5) darf den Bauch seiner schwangeren Tante anfassen und spürt das Baby, das tritt.
Er fragt: »Darf ich mal reinsehen?«

Mama ist schwanger und zeigt Thore (3) ein Ultraschallbild.
Auf die Frage, ob er wisse, was das sei, antwortet er: »Wir bekommen einen Frosch.«

Elisa (3): »Mama? Ich möchte gerne ein Baby.«
Mama: »Da hast du noch gaaaaaanz viel Zeit, um ein Baby zu bekommen.«
Elisa: »Du sollst doch das Baby bekommen.«
Mama: »Ich möchte aber kein Baby mehr.«
Elisa: »Dann frage ich eben Papa, ob er dir noch eins macht.«

Wyatt (4) sagt zu Mama: »Mensch, Mami, warum hast du das Essenskabel nicht an meinem Bauch gelassen, deinetwegen muss ich jetzt immer alles kauen.«

Stefanie (5) und Mama sitzen vorm TV und schauen »Kuck mal, wer da spricht!«.
Plötzlich sagt Stefanie: »Mama, ich will auch ein Baby haben!«
Mama: »Du bist noch zu klein, du kannst noch kein Baby haben.«
Stefanie: »Na und, dann legen wir es derweil in den Kühlschrank.«

Pirmin (4) besucht mit Mama eine ihrer Freundinnen, die gerade ein Kind geboren hat. Als er das Baby sieht, dreht er sich um und fragt: »Ist das alles?«

Jan (4) bekommt ein Geschwisterchen und wird von den Nachbarn gefragt: »Sag mal, bekommst du jetzt eine Schwester oder einen Bruder?«
Jan entrüstet: »Eine Schwester, ich bin doch schon der Bruder.«

Mama ist schwanger. Luna (5) fragt: »Wann hat das Baby denn Geburtstag?«
Mama: »Das wissen wir erst, wenn das Baby geboren wird.«
Nach einigen Minuten Luna: »Mama, wann wird denn bei dir gebohrt?«

Mama ist im sechsten Monat schwanger, als Dustin (8) von Mamas Physiotherapeutin gefragt wird, was er sich wünsche, Junge oder Mädchen.
Dustin (ganz trocken): »Das ist egal, ob Junge oder Mädchen, Hauptsache ein Baby.«

Mama ist im achten Monat schwanger und liegt mit Alice (8) auf dem Bett, die ihr den Bauch eincremt.
Mama: »Weißt du, dass das Baby jetzt schon mit dem Kopf nach unten in Geburtsrichtung liegt?«
Alice darauf: »Ich weiß, ich kann schließlich schon die Haare vom Baby sehen!«

Leon (4): »Mama, weißt du, Tini [die Erzieherin aus dem Kindergarten], der liebe Gott und ich haben beschlossen, dass es jetzt die richtige Jahreszeit ist, dass du noch ein Kind bekommst. Es soll ein Mädchen werden, damit du auch mal gegen Papa und mich gewinnen kannst.«

Julian (6) ist dabei, als das Geschlecht seines neuen Geschwisterchens bestimmt wird.
Ärztin: »Was hättest du gerne?«
Julian : »Ein Mädchen.«
Ärztin: »Und wenn es ein Junge wird?«
Julian todernst: »Dann tauschen wir es um oder bringen es ins Tierheim und suchen uns ein Mädchen aus.«

Florian (3) kommt mit Papa ins Krankenhaus, da er ein Brüderchen bekommen hat.
Er betritt das Zimmer, geht direkt zum Babybett, überlegt kurz und sagt: »Müssen wir das jetzt mit nach Hause nehmen?«

Lilly (4): »Mama, wollten Papa und du eigentlich noch ein Baby?«
Mama: »Vielleicht.«
Lilly: »Aber das nächste Baby bestellt ihr im Internet, und wenn es auch schreit, könnt ihr es ja zurückgeben.«

Mama zu Saskia (4): »In dieser Kirche wurdest du getauft.«
Saskia völlig entsetzt: »WAAAAS? In dieser Kirche wurde ich gekauft?!«

Lara (3): »Mama? War ich wirklich in deinem Bauch?«
Mama: »Ja, warst du.«
Lara: »Wer hat mich da reingesteckt?«

Florian (6): »Mama, du kannst ja gar nicht Oma werden.«
Mama: »Warum?«
Florian: »Ich kann doch kein Baby bekommen.«
Mama erklärt, dass sie auch Oma wird, wenn er eine Frau oder Freundin hat und die ein Baby bekommt.
Florian: »Okay, dann heirate ich Svea.«
Kurze Denkpause.
Florian: »Aber bis dahin hab ich noch viel Zeit, kann ich mir ja nochmal überlegen.«

Tom (6) hat gerade ein Geschwisterchen bekommen und unterhält sich mit seinem Freund Marco (6).
Marco: »Und, wo kam das Baby raus?«
Tom: »Weiß ich auch nicht.«
Marco: »Bestimmt aus dem Popo.«
Toms Mama: »Wieso denn aus dem Popo?«
Marco: »Na, da ist am meisten Platz!«

> Diego (7): »Mama, als ich in deinem Bauch war, wo kam ich denn dann raus?«
> Mama: »Na, aus meiner Scheide.«
> Diego entsetzt: »Wäääh, da pinkelst du doch! Ich war also vollgepinkelt?!«

Mama ist schwanger, und Rani (4) wird von der Nachbarin gefragt: »Bekommt deine Mama denn einen Jungen oder ein Mädchen?«
Rani: »Weiß ich doch nicht – ich hab noch nicht reingeschaut.«

Niklas (5) übernachtet bei Oma. Sie hat das Fieberthermometer auf dem Nachttisch liegen.
Niklas fragt sie entsetzt: »Oma, bist du etwa auch schwanger?«

> Miriam (4): »Papa, hast du noch Kerne für weitere Babys?«

Jonas (9): »Wenn ich mal Kinder haben möchte, dann schaue ich mal bei eBay.«

Magda (4) grübelt längere Zeit nach, schmiegt sich an Mama und sagt dann: »Mama, wenn ich nochmal geboren werde, möchte ich wieder zu dir.«

Liebe, Sex & Partnerschaft

Mama unterhält sich mit ihrer Freundin Tina, die Liebeskummer hat.
Pierre (5) sagt irgendwann: »Weißt du, Tina, wenn ich groß bin, und du hast immer noch keinen Mann, dann heirate ICH dich eben.«

Mia (6) am Abend beim Zubettgehen: »Ich will später ein Kind, aber keinen Mann!«
Papa: »Warum?«
Mia: »Das Küssen ist eklig.«
Papa: »Aber Mama und mich küsst du doch auch.«
Mia: »Ja, ihr seid auch meine FAMILIE.«
Später nochmal: »Ich will ein Kind, aber keinen Mann, ich nehm nur die Eier von ihm, und dann renn ich weg ...«

Mama unterhält sich mit einer Freundin über Menschen, die bei der Partnerwahl nur aufs Äußere achten.
Kian (4) fragt dazwischen: »Was ist denn wichtig?«
Mama zeigt auf ihr Herz und ihren Kopf und sagt: »Hier und hier ist wichtig.«
Kian ungläubig: »Tittis und Haare?«

Johanna (3) redet mit der Oma über ihre Tante: »Geht die Tante dann wieder zu ihrem Mann, wenn sie zu Hause ist?«
Darauf die Oma: »Nein, die wohnt alleine.«
Lange Pause.
Nichte: »Du, Oma, gell, die hat keinen erwischt.«

> Martin (10) auf die Frage, was Erwachsene bei einem ersten Date tun: »An einem ersten Date erzählen Erwachsene nur Lügen. Das macht sie meist neugierig genug, um auf ein zweites Date zu gehen ...«

Mama fährt mit dem Auto, Kendra (5) auf dem Rücksitz, durch eine Straße, in der Frauen, leicht bekleidet, Liebesdienste auch tagsüber anbieten. Da sagt Kendra: »Mama, schau, die Frau muss es aber eilig gehabt haben, die hat ja nur die Unterhose an!«

Die Kinder sollen in der Schule schreiben, was ihr Vater und ihre Mutter gemeinsam haben.
Lori (8) schreibt: »Beide wollen keine weiteren Kinder mehr.«

> Die Eltern erklären ihrer Tochter Melody (6), dass sie Zwillinge als Geschwister bekommt. Diese fragt nach kurzem Überlegen: »Habt ihr DAS dann auch zweimal gemacht?«

Erzieherin: »Warum streitet ihr euch?«
Jasper (4): »Tun wir gar nicht.«
Erzieherin: »Aber natürlich, ich habe doch gerade gesehen, wie du sie angeschrien hast.«
Carolina (4): »Wir streiten nicht, wir spielen Scheidung.«

Unterhaltung zwischen drei Siebenjährigen beim Malen am Tisch.
Marc: »Hab gestern eine Frau und einen Mann gesehen, die haben sich geküsst.«
Diana: »Danach sind die bestimmt heim und haben Sex gemacht.«
Marc: »Was ist das?«
Diana: »Da steckt der Mann seinen Penis in die Scheide der Frau.«
Paul: »Aha, das geht?«

Patricia (5): »Mama, ich weiß jetzt, warum du den Papa so liebst.«
Mama: »Ja? Erzähl mal.«
Patricia: »Weil der alles kann, was du nicht kannst.«

Ellen (7): »Gell, Papa, bei uns in der Familie gibt's auch schwul und lesbisch. Papa, du liebst meinen Bruder, und meine Mama liebt mich.«

Mats (3): »Mama, ich will mal viele Kinder.«
Mama: »Was heißt denn viele?«
Mats: »Sieben.«
Mama: »Oha, da musst du aber die richtige Frau für finden.«
Mats: »Mama, ich hab doch dich!«

Arthur (10) steht im Museum vor einem ausgestellten Kondom: »Wozu braucht man das?«
Mama: »Wenn man Sex haben will, aber keine Kinder haben möchte.«
Arthur erwidert mit verständnislosem Blick: »Ja, und wozu braucht man das?«

Janna (5) möchte von Mama wissen, wann der richtige Zeitpunkt fürs Kindermachen ist.
Mama: »Nach der Ausbildung und wenn du verheiratet bist.«
Janna daraufhin: »Du und Papa habt auch nicht geheiratet.«

Anastasia (4) sagt zur Erzieherin: »Meine Mama hat auch Spielzeug in ihrer Schublade – damit darf ich aber nicht spielen ...«

Emil (4) sagt: »Wenn ich mal groß bin, dann möchte ich den Papa heiraten.«
Mama: »Das geht leider nicht, der Papa ist ja schon verheiratet.«
Emil: »Dann heirate ich dich, Mama.«
Mama: »Das geht leider auch nicht, ich bin ja schon mit dem Papa verheiratet.«
Emil überlegt kurz und schaut Mama verzweifelt an: »Dann muss ich ja Mona [Schwester] heiraten.«

Karl (5): »Mutti, wie lang bist du schon mit Vati verheiratet?«
Mama: »Zehn Jahre, mein Kind.«
Karl: »Und wie lange musst du noch?«

Emma (4), als sie ein Pärchen Hand in Hand die Straße entlanglaufen sieht: »Guck mal, Papa, die machen ›Engelchen flieg‹!«

Mia (5): »Mama, kann eine Frau auch zwei Männer heiraten?«
Mama: »Nein, das geht nicht.«
Mia: »Das wäre auch viel zu stressig, stimmt's?«

Timo (6): »Ich hätte gerne zehn Frauen, zwei alleine zum Aufräumen von meinen Spielsachen.«

Bruno (5) erklärt im Kindergarten: »Ich
heirate später nicht. Denn dann kriegt die Frau
ein Baby, und das schreit die ganze Nacht, und
wir können nicht schlafen. Dazu habe ich
keine Lust.«

Julie (6) kommt von der Schule und fragt Mama:
»Wie ist die Stimmung?«
Da vorher ein Streit mit Papa stattgefunden hat, antwortet
Mama: »Nicht so gut, es herrscht dicke Luft.«
Julie: »Warum macht ihr nicht das Fenster auf?«

Erik und Mayla (beide 4) spielen Ehepaar.
Erik: »Komm, wir gehen schlafen.«
Mayla: »Nein, ich habe Kopfschmerzen …«

Die Familie sitzt zusammen bei Kaffee und Kuchen, Oma
ist zu Besuch. Gloria (7) erfährt im Gespräch, dass Oma
neun Geschwister hat.
Gloria sagt völlig fassungslos: »Oma, da hat deine Mama
aber viel Sex gehabt.«

Uwe (5): »Ich will später keine Kinder haben, die
machen immer Krach und Dreck und stinken in die
Hose, das kenne ich von mir …«

Mia (4): »Ich heirate mal Papa. Da weiß ich,
dass er lieb ist.«

Die Eltern von Alice (9) sehen eine Schwarz-Weiß-Fernsehdokumentation über den Hamburger Stadtteil St. Pauli in den 60er Jahren. Alice kommt aus dem Bett nochmal ins Wohnzimmer, schielt dabei zum Fernseher und sieht, wie die Frauen in der Herbertstraße in den Schaufenstern sitzen. Entsetzt meint sie: »Oh, gab es denn damals noch keine Schaufensterpuppen, dass echte Frauen da sitzen mussten?«

Aria (4): »Stimmt's, Mama, es heiraten immer ein Mann und eine Frau?«
Mama: »Nicht unbedingt. Es gibt auch Männer, die Männer heiraten, und Frauen, die Frauen heiraten.«
Aria überlegt kurz und strahlt dann: »Mama, DANN heirate ich mal DICH!«

Jonas (3) sagt zu Luisa (3): »Mein Papa ist heute nicht da. Der ist auf einer Hochzeit.«
Luisa erwidert: »Meiner nicht. Der hat schon geheiratet.«

Leonie (4): »Wieso hat Schneewittchen nicht einen Zwerg geheiratet?«

Beim Abendessen kommt das Gespräch auf den Freund der Tochter.
Papa: »Die Jungs müssen erst einmal an mir vorbei.«
Lukas (8) fängt an zu lachen.
Mama: »Wenn du eine Freundin hast, dann schaue ich mir die genau an. Und wenn sie nicht nett ist, werde ich zum Schwiegerdrachen.«
Lukas: »Und wenn ich schwul werde? Muss er dann an dir oder an Papa vorbei?«

Marisa (6) ist zu Besuch bei den Großeltern und meint: »Oma, ich weiß jetzt, warum Mama und Papa noch nicht verheiratet sind.«
Oma: »Und wieso nicht?«
Marisa: »Weil die noch ineinander verliebt sind.«

Miri (5) ist bei William, der dunkelhäutig ist, zum sechsten Geburtstag eingeladen. Nach dem Geburtstag auf der Heimfahrt im Auto sagt sie zu Mama: »Also, die Lia heiratet später den William, aber ich heirate mal 'nen weißen Neger ...«

Charlotte (8): »Mama – das ist unfair, dass du MEINEN Vater geheiratet hast. ICH kann DEINEN Vater nicht heiraten – der ist mir zu alt.«

Anita (9) auf die Frage, ob es besser sei, einen Partner zu haben oder Single zu sein: »Für Mädchen ist Single besser, für Jungs nicht, die brauchen jemanden, der hinter ihnen herputzt.«

Jaymy (5): »Mama, ich hab dich lieb.«
Mama: »Ich dich auch, mein Schatz.«
Jaymy: »Mama, ich hab dich lieb bis zum Himmel.«
Mama: »Und ich hab dich unendlich lieb.«
Jaymy (ganz trocken): »Und ich hab dich lieb bis
draußen vor die Tür.«

Tina (4) zu Opa: »Mama hat so viel Milch, weil Mama
und Papa zu viel Sex machen ...«

Angela erklärt Janine (beide 10): »Wir haben
erst nächstes Halbjahr Sexualurkunde.« Stolz
fügt sie hinzu: »Aber ich weiß, dass wir bald
die Periode bekommen werden.«

Janek (5): »Hast du einen Freund?«
Erzieherin: »Nein, ich habe keinen Freund.«
Janek nimmt die Hand der Erzieherin und sagt:
»Jetzt gehörst du mir.«

Die zweitgeborene Anni (4) stellt fest: »Mama, du hast Papa
ja auch zweimal geheiratet.«
Mama: »Wie kommst du denn darauf, Mäuschen?«
Anni: »Na, weil ihr zwei Kinder habt!«

Dominik (8) erfährt, dass die Freundin vom Nachbarsjungen
Schluss gemacht hat. Eine kurze Denkpause, dann meint er:
»Also, Mama – der Andreas [sein bester Freund] hat mit mir
noch nicht Schluss gemacht.«

Lehrerin: »Woran erkennt man, ob zwei Menschen verheiratet sind?«
Derrick (8): »Sie schreien das gleiche Kind an.«

Korbinian nimmt in der Schule gerade das Thema »Bienen« durch und fragt seine Mutter: »Mama, was für eine Biene wärst du gerne?«
Mama: »Die Königin, die wird nur von den anderen bedient.«
Korbinian: »Aber die muss sich ständig paaren – das ist bestimmt auch kein Spaß.«

Ronja (2), Mama und Papa halten im Urlaub Mittagsschlaf. Nachdem Papa meint, das Kind schlafe, rutscht er zu Mami rüber.
Ratzfatz springt Ronja auf und sagt: »Papa, das wird jetzt nix, rutsch wieder auf deine Seite.«

Julian (3) fragt seine Erzieherin, ob sie ihn heiraten möchte.
Erzieherin: »Julian, das ist zwar lieb, aber ich bin doch viel zu alt für dich.«
Julian: »Macht doch nix, mein Opa ist auch mit einer alten Frau verheiratet.«

Mama unterhält sich mit Maria (7): »Weißt du überhaupt, was Singles sind?«
Maria: »Ja, Mama. Die haben keine Freunde, gehen immer auf Partys und essen Chips und Süßigkeiten.«

Lene (4) zu ihrer Erzieherin: »Mama und Papa haben ein Problem beim Küssen ... ihre Nasen sind viel zu groß. Aber sie haben jetzt eine Lösung – sie gehen so schräg.«
(Sie neigt ihren Kopf zur Seite und kommt auf die Erzieherin zu.)

Mama zu Alexander (6): »Du wirst älter und lernst eine nette Frau kennen, die du dann heiraten kannst.«
Alexander: »Aber Mama, ich kenne dich doch schon.«

Ellen (6): »Wieso haben wir die Hasen kastriert? Wir hätten ihnen doch einfach erlauben können zu heiraten.«

Leo (4) fragt die Erzieherin: »Oh, ist das ein Ehering? Darf ich den mal anziehen?«
Noch bevor sie darauf antworten kann, sagt Basti (4): »Nein! Den Ehering darf man nur ausziehen, wenn Fasching ist.«

Cora (3) zur Erzieherin: »Bist du schon Mama?«
Erzieherin: »Nein, noch nicht.«
Cora: »Warum?«
Erzieherin: »Weil ich noch keinen Papa gefunden habe.«
Cora: »Magst du meinen Papa haben? Der ist ganz lieb.«

Jonas (4) zur Erzieherin: »Du, wieso hast du eigentlich keinen Mann?«
Erzieherin: »Hm, ich bin doch noch jung und habe noch keinen gefunden.«
Jonas: »Dann such ich dir einen ... oder du heiratest einfach später mich, wenn ich groß bin!«

Es ist Winter, und Mama geht immer im langen Schlafanzug und Socken ins Bett. Nicolas (5) nur in Boxershorts.
Mama: »Ist dir das nicht zu kalt?«
Er: »Aber du wärmst mich doch ... mit deiner LIEBE.«

Papa macht seiner Freundin einen Heiratsantrag. Sie sagt: »Ja!«
Mara (7): »Cool, dann hab ich auch eine Schwiegermutter.«

Beim gemeinsamen Frühstück sagt Simon (8) zu seiner Tante: »Ich möchte dich heiraten.«
Dann wendet er sich an den Ehemann der Tante und sagt: »Du bist der Trauerzeuge.«

Leonie (6) ist zu Besuch bei Oma und Opa. Opa ärgert die Oma.
Oma: »Ich jag dich bald aus dem Haus.«
Leonie: »Dann musst dir aber einen neuen Mann suchen.«
Oma: »Oh nein, mir kommt kein Mann mehr ins Haus.«
Leonie nach kurzer Zeit: »Stimmt, Omi, du bist ja auch schon ein bisschen alt.«

Ben (10) zu Mama: »Mama, hat Papa für dich 'ne Mitgift bekommen?«
Mama: »Nein.«
Ben: »Der Papa hat dich einfach so genommen?«
Mama: »Äh – ja?«
Ben: »Der wollte kein Geld vom Opa? Wahnsinn!«

Mama sagt zu Artur (6): »Schatz, du riechst nach Papa.«
Artur: »Wie riecht denn Papa?«
Mama: »Na, so wie Papa halt riecht, so wie ich nach Mama rieche, oder?«
Artur: »Nee, du riechst nicht nach Mama.«
Mama: »Was? Nach was riech ich denn?«
Artur: »Na, nach Liebe.«

Mama zu Robin (6): »Hast du mich lieb?«
Robin (6): »Na, klar liebe ich dich … du bist meine Mama … ich MUSS dich ja lieben.«

Marie-Lu (5): »Wenn ich groß bin, heirate ich mich selbst.«
Mama: »Wieso willst du dich selbst heiraten?«
Marie-Lu: »Einen Mann brauch ich nicht, aber ich will das schöne Kleid anziehen.«

Ines (4) zu Mama: »Ich verliebe mich in Luca.«
Mama: »Ich dachte, du bist in Nils verliebt?«
Ines: »Nö, den heirate ich doch nur.«

Mia (7): »Papa, weißt du, wen ich noch lieber hab als Mama oder dich?«
Papa: »Nee, sag mal.«
Mia grinst breit und zeigt mit dem Finger auf sich: »Na, mich.«

Im Kindergarten. Sophie (5): »Im Spiel heiße ich Carina, aber du musst ›Schatz‹ zu mir sagen!«

Nasti (4) sieht ein Pärchen, das sich küsst, und fragt: »Mama, warum frisst der Mann die Frau?«

Emma (5): »Mama, gell, ich bin lieb?«
Mama: »Ja, manchmal.«
Emma: »Gell, jetzt ist manchmal.«

Julian (4) sieht zwei Menschen, die sich küssen, und verzieht das Gesicht.
Mama fragt: »Hast du im Kindergarten auch schon mal jemanden geküsst?«
Julian, völlig entgeistert: »Aber das darf man doch gar nicht.«
»Warum denn nicht?«, möchte Mama wissen.
Julian stemmt die Hände in die Seite und ruft: »Da sind doch überall Bakterien dran!«

Moritz (5) malt ein Bild von Mama und will es dreimal kopieren.
Mama fragt: »Warum?«
Er sagt: »Ich hab dich so LIEB, ich will dich öfter haben.«

Luis (4) bekommt im Radio die Gesetzesänderung mit der Homoehe mit. Er fragt Mama, was das bedeutet.
Mama erklärt: »Jetzt darf eine Frau eine andere Frau heiraten, und ein Mann darf auch einen anderen Mann heiraten.«
Luis: »Ach so, und ein Kind kann ein anderes Kind heiraten?«

Papa: »Oh, schau mal, mein dicker Bauch – ich muss wieder mehr Sport machen.«
Mia (7): »Es kommt ja nicht drauf an, ob du dick bist oder dünn, sondern ob du freundlich bist.«

Lukas (3) kommt heulend zur Erzieherin und sagt schluchzend: »Die Jessica hat gesagt, ich MUSS sie heiraten, stimmt das?«

Lenn (5) bekommt ein Gespräch zwischen Mama und einer Freundin mit, in dem die Freundin erzählt, dass ein Mann sie »angebaggert« hat.
Lenn erstaunt: »Mit einem echten Bagger?«

Ruben (5) hört, wie Mama einer Freundin erzählt, dass seine große Schwester (15) jetzt ihren ersten Freund hat. Ruben daraufhin stolz: »Ich hab schon mehrere Freunde und bin erst fünf.«

Ron (5): »Wenn ich groß bin, heirate ich mal die Amelie!«

Erzieherin: »Zum Heiraten gehören aber immer zwei.«

Ron: »Cool, dann heirate ich Charlotte [Amelies Zwillingsschwester] auch noch.«

Peinliches

Manuela (10) steht mit ihrem Papa an der Pommesbude in der Schlange und ist schon hungrig und entsprechend ungeduldig. In der Pommesbude ist die Dame angesichts der langen Schlange schon mächtig am Rotieren, während ihr Mann untätig die Zeitung liest.
Manuela laut zu ihrem Papa: »Papa, warum ist der Mann da so faul?«
Der Mann springt relativ schnell auf und hilft seiner Frau ...

Alice (4) hüpft morgens bei den Großeltern ins Bad, wo der Opa gerade nackt am Waschbecken steht, setzt sich auf die Toilette, guckt – und stellt sachlich fest: »Mein Papa hat aber einen größeren Penis als du.« – und läuft wieder raus.

Mama und Pitt (4) sind im Wartezimmer beim Arzt, in dem auch eine recht mollige Frau wartet.
Pitt: »Die Frau ist aber dick!«
Mama ist peinlich berührt und sagt: »Herr Helbig ist doch auch dick.«
Pitt: »Na, der hot an großn Oarsch.«

Im Bus spielen Mama und Dennis (6) »Ich sehe was, was du nicht siehst«.
Dennis ist dran, sieht sich um und ruft: »Ich sehe was, was du nicht siehst, und die hat große Brüste.«

Kurz nach ihrer ersten Karnevalsfeier sitzen Keira (3), Oma und Mama in einem Café einer Dame in einem schwarz-weiß gestreiften Pullover gegenüber.
Da meint Keira ganz laut: »Guck mal, Mama, die Frau hat sich als Zebrastreifen verkleidet.«

Thore (5) sieht im Mehrfamilienhaus die Maler anrücken und ruft durchs Treppenhaus: »MAAAAMAA, die Stricher sind da!«

Daniel (7) im Zug zu seiner neben ihm sitzenden Mutter: »Gell, Mama, über die dicke Frau gegenüber reden wir erst, wenn wir zu Hause sind, stimmt's?«

**Mama hat einen Termin beim Steuerberater, zu dem sie ihren Sohn Rouven (7) mitnehmen muss.
Beide nehmen Platz, Rouven schaut den Steuerberater ernst an und erklärt mit einer Kopfbewegung zu Mama: »Hallo, ich bin nicht ihr Ehemann ...«**

Mama hat verschlafen (weil der Wecker nicht geklingelt hat) und bringt Joshua (5) abgehetzt in den Kindergarten.
Joshua schaut sie an und sagt laut (so, dass es einige andere Eltern hören können): »Es ist okay, Mama, dass du dir deine Haare heute nicht gebürstet hast, Hauptsache, du hast deine Zähne geputzt, stimmt's?«

Carina (4) ist mit Mama beim Friseur. Neben Mama sitzt eine Frau mit einem Oberlippenbart.
Carina fragt die Frau: »Bist du ein Mann?«
Die Dame antwortet: »Nein, eine Frau.«
Carina: »Wieso hast du dann einen Bart?«
(Mama würde am liebsten unter dem Frisiertisch im Erdboden versinken.)

Nadja (5) und ihre Mutter sitzen im vollbesetzten Bus. Sie sehen aus dem Busfenster einen Mann auf den Gehweg spucken.
Mama: »Das ist eklig, das macht man nicht.«
Nadja, sehr laut: »Aber der Papa macht das doch auch immer.«

Milan (5) und Mama gehen durch die Stadt und kommen an einem Sexshop vorbei. Milan bleibt stehen und mustert sehr lange die Schaufensterpuppe, die mit diversen Dessous bekleidet ist. Dann sagt er klar und deutlich für alle Passanten hörbar: »Mama, so einen Schlüpfer hast du doch auch.«

Luisa (4) fährt mit Mama einkaufen, die während der Fahrt über die Autofahrer vor ihr schimpft.
Im Supermarkt zeigt Luisa auf einen Mann und sagt deutlich vernehmbar: »Du, Mama, da ist doch der Lahmarsch von vorhin!«

Mama nimmt Niklas (6) mit zu einem Screening beim Hautarzt.
Arzt: »Ziehen Sie sich bitte aus und machen Sie auch Ihren BH ab.«
Niklas zum Arzt: »Du hast aber einen tollen Beruf!«
Mama, leicht errötet, zieht sich weiter aus.
Niklas' nächster Kommentar: »Mama, du hast ja heute schöne Unterwäsche an.«
(Jetzt möchte Mama endgültig im Erdboden versinken.)

Mama und Mieke (4) sind auf dem Weg zum Kinderfasching. In der Innenstadt kommt ihnen ein Punk mit knallrotem Irokesenkamm entgegen.
Mieke (4): »Mama, guck mal, der ist als Hahn verkleidet.«

Mama im Schuhgeschäft zu Patrick (7): »Diese Schuhe sind aber etwas zu teuer, die anderen kosten die Hälfte und sind auch gut.«
Patrick (während die Verkäuferin dabeisteht): »Ach, das bezahlen wir doch aus der Pornokasse ...«

Beim Geburtstagskaffee sagt Mama zu den Gästen: »Tante Sabine fehlt noch, sie müsste längst da sein.« Als es klingelt, geht Jonas (3) zur Tür, macht auf und sagt zur Tante: »Tante Sabine! Du hast uns gerade noch gefehlt!«

Simon (4), nachdem er kurz vorher über Schwangerschaft und Geburt aufgeklärt wurde, sieht einen dickeren Mann in der Sauna und fragt ihn: »Und wann kommt das Baby?«

Nico (2), mit Mama in der Straßenbahn, sieht eine alte Frau mit Kopftuch und Gehstock an der Tür, die aussteigen möchte.
Laut ruft er: »Schau mal, Mama, eine Hexe!«

Gloria (2) sieht im Supermarkt einen Mann mit Glatze und einem Haarkranz und ruft laut: »Mama, warum hat der Mann denn nur außen rum Haare?«

Carolina (4) ruft im Restaurant stolz und schön laut (so dass es die Bedienung hören kann): »Mama, ich hab bei der DIENERIN eine Kugel Eis bestellt!«

Florian (6) und Mama stehen im Schwimmbad an der Kasse. Die Kassiererin fragt Florian, wie alt er denn sei.
Florian: »Ich bin sechs Jahre alt. Aber Papa sagt immer, ich soll sagen, ich bin fünf!«
Mama versinkt an dieser Stelle im Boden ...

Enno (3) sieht beim Einkaufen mit seiner Mutter das erste Mal einen dunkelhäutigen Mann und fragt seine Mutter: »Mami, und wo hat der seinen Speer?«

Beim Vorspielabend in der Musikschule tritt auch eine Frau (ca. Mitte 40) auf, die mehr schlecht als recht singt. Als sie fertig ist, sind alle erleichtert, und es gibt ein paar Sekunden höflichen Applaus.
In die darauffolgende Stille hinein fragt Ava (4) ihren Vater: »Warum haben die Leute denn geklatscht, das war doch gar nicht schön?«

Greta (5) verfolgt ein Gespräch von Papa mit dem Nachbarn Herrn Müller und sagt unüberhörbar: »Du, Papa, jetzt unterhältst du dich hier mit dem Herrn Müller so lang und nett, und zu Hause sagst du immer, der wär so blöd.«

David (4) und Mama warten beim Bäcker.
Vor ihnen steht eine junge Frau mit leuchtend rot gefärbtem Haar.
David zupft sie am Ärmel: »Bist du die Mama von Pumuckl?«

Im Einkaufszentrum sieht David (4) einen Mann mit Augenklappe und ruft: »Schau mal, Mama, ein Pirat.«

Kerstin (5) ist kürzlich von ihren Eltern über die Geschlechtsteile aufgeklärt worden. Beim Beratungsgespräch mit Mama in der Sparkasse sagt Kerstin zum Sparkassenchef: »Mein Papa hat einen Penis. Hast du auch einen Penis?«

Janika (3) sieht eine Nonne und ruft lauthals: »Mama, guck mal, eine Nutte!«

Neele (5) macht der Nachbarin die Tür auf und ruft laut: »NEIHHEEIIN, die MAMA ist gerade auf dem KLO und macht KAAACKAA.«

In der Schule werden Anlaute geübt, A wie Affe etc.
Lehrerin: »Kennt jemand ein Wort mit T?«
Timo (6): »Ich weiß was!«
Lehrerin nimmt ihn dran und vermutet, er würde jetzt seinen Namen nennen.
Timo freudestrahlend: »T wie Titten.«

An der Kasse fragt Leo (3), welche Sachen auf dem Band ihnen gehören. Mama zeigt es ihm. Dann fragt er, wem die anderen Sachen gehören.
Mama sagt: »Der Frau hinter uns.«
Leo dreht sich um, schaut die Frau an und sagt: »Das ist keine Frau, das ist eine alte Oma.«

Ron (8) sitzt mit Papa an der vollen Straßenbahnhaltestelle, liest gegenüber ein Schild an einem Gebäude und fragt dann laut: »Papa, was ist ein Sexshop?«

Karla (4) zu ihrer Erzieherin im Kindergarten, die ein Kleid trägt: »Meine Mama trägt nicht gerne Kleider. Sie findet ihre Beine zu dick, und Papa sagt immer, Mama ist mopsig.«

Kay (4) schaut beim Fußballspiel zu. Papa bekommt den Ball genau dahin, wo es richtig wehtut.
Die Mitspieler rufen: »Wow, der ging voll in die Eier.«
Kay hört das und plappert es nach.
Mama sagt: »Nein, der Ball ging auf den Oberschenkel.«
Am Nachmittag sagt Kay zu Oma und Opa: »Papa hat heut den Ball voll abbekommen.«
Mama gleich: »Ja, auf den Oberschenkel.«
Kay: »Gar nicht wahr ... du lügst ... voll in die Eier!«

Tristan (5) ist mit Mama im Tante-Emma-Laden und kauft eine bunte Tüte Süßigkeiten. Der Verkäuferin fällt ein Colafläschchen runter, welches sie auf den Verkaufstresen legt.
Tristan zu ihr: »Das können Sie ruhig wieder reinwerfen, wenn wir raus sind, machen Sie das doch sowieso ...«

Nicole (4): »Mama, die Frau hat einen roten Mund!«
Mama: »Ja, sie hat ihn mit einem roten Lippenstift
angemalt.«
Nicole: »Und womit hat sie die Zähne gelb gemalt?«

Mama und Papa unterhalten sich vor
Weihnachten: »Na, ob Oma wieder den
kleinen, mickrigen künstlichen Baum aufstellt?
Der ist schon so schäbig, den müsste sie mal
entsorgen.«
Am nächsten Tag ist Kian (5) bei seiner Uroma:
»Na, Oma, immer noch den kleinen, mickrigen
Baum, den solltest du mal entsorgen!«

**Mama sagt aus Spaß zu Papa, der eine
Vorliebe für farbige Fußballschuhe hat:
»Die blindesten Fußballer haben immer
die buntesten Schuhe.«
Einige Tage später ist Bela (6) mit Mama in
der Stadt unterwegs und sieht einen Mann
mit roten Sportschuhen.
Bela: »Guck mal, Mama … noch so ein Blinder
mit roten Schuhen!«**

»Mama, stimmt das, dass Poppen Tanzen
ist?«, fragt Sophie (5) lauthals vor der
Sparkasse.

Hannah (3) sitzt bei Oma und isst Suppe: »Oma, du hast dir sehr viel Mühe gegeben, die Suppe schmeckt so gut.«

Oma: »Danke, Hannah, das freut mich. Kann die Mama auch so eine gute Suppe?«

Hannah: »Nö, weißt du, die Mama kann eigentlich nur Brötchen.«

Die Rektorin fragt Stefanie (6) beim Einschulungsgespräch: »Gehst du manchmal mit der Mama einkaufen?«

Stefanie: »Ja.«

Rektorin: »Was kauft ihr denn ein?«

Stefanie: »Nur Nudelsuppe und Zigaretten.«

(Mama will im Erdboden versinken.)

Mira (5) mit Mama bei Lidl an der Kasse, vor ihr eine Frau mit langen künstlichen Fingernägeln. Mira zupft an Mamas Arm und flüstert – nicht wirklich leise: »Mamaaa, schau mal, was die Frau für laaaange Nägel hat!«

Als die Frau dann zu ihr sieht, fragt sie ganz trocken: »Sag mal, tut das nicht weh, wenn du dir den Popo abputzt?«

Noemi (4) hat gebadet, Papa springt noch schnell ins warme Badewasser rein, beim Reinspringen muss Papa pupsen. Tochter: »Ist nicht schlimm, Papa, ich mach da immer Pipi rein.«

Im Bad sagt Carina (4) zur Mutter: »Du hast da eine Nabelschnur!«
(Das war der Tamponfaden.)

Julius (9) fährt mit Oma im Auto, als diese bei einer Ampel bei Orange/Rot drüberfährt und prompt von der Polizei angehalten wird.
Polizist zu Oma: »Haben Sie nicht bemerkt, dass die Ampel schon rot gewesen ist?«
Oma: »Nein, tut mir leid, hab ich wirklich nicht gesehen.«
Alexander: »Oma, ich hab dir gesagt, du darfst nicht mehr weiterfahren, wenn Orange ist.«
Der Polizist meint gnädig: »Das nächste Mal hören Sie aber auf Ihren Enkel.«

Der Bürgermeister hält eine Rede auf dem Stadtfest.
Jonas (4) fragt Papa: »Ist das jetzt endlich der Clown?«

Camilla (4) sitzt bei ihrer Tante auf dem Schoß, deutet auf deren Speckröllchen am Bauch und fragt: »Sag mal, Tante, hast du da unten auch Brüste?«

Mama und Celine (5) betrachten ein Foto von Mama aus dem Kindergarten.
Mama: »Och, so schlimm seh ich gar nicht aus.«
Celine: »Nee, von hinten nicht, Mutti.«

Yves (3) spielt gerne Doktor und hat Mama
»verarztet«, die einige Tage krank im Bett
lag.
Tags drauf steht er mit Mama in der
Metzgerei und wird vom Metzger gefragt.
»Na, was willst du denn mal werden, wenn
du groß bist?«
Yves: »Frauenarzt.«

Mama läuft mit Ida (2) an zwei Nonnen
vorbei.
Ida: »Oh Mami, Pinduine!« (= Pinguine)

**Felix (5) ist zu Besuch in der unordentlichen
Wohnung der Nachbarn.
Felix: »Oh! Waren bei euch die Räuber?«**

**Eine Frau mit ziemlich großer Oberweite und
entsprechendem Dekolleté sitzt in der Bahn
Marlin (3) und seiner Mama gegenüber.
Marlin laut zu Mama: »Mamaaa, hat diese Frau
ihren Popo vorne?«**

Fiona (4) sagt erstaunt zu einer Bekannten, die
Kopftuch trägt: »Deine Mama lässt dich mit nassen
Haaren nach draußen gehen?«

Papa möchte fasten und kein Fleisch essen. Er kommt mit Vincent (5) vom Markt nach Hause, und Mama wundert sich, dass sie beide nicht die Suppe essen wollen, die sie gekocht hat.

Papa sagt: »Vincent hatte eine Bratwurst auf dem Markt und ist satt.«

Mama: »Und Vincent, wie hat deine Wurst geschmeckt?«

Vincent: »Gut, und Papa, wie war deine Currywurst?«

Benno (4): »Wir haben ein neues Auto.«

Erzieherin: »So? Warum das denn?«

Benno: »Weil Mama das alte gestern kaputt gefahren hat.«

Erzieherin: »Das ging dann aber schnell mit dem neuen Auto.«

Benno: »Ja, der Papa hat eh schon länger Ausschau gehalten und hat dann sofort eins geklaut.«

Mama: »Gekauft! Wir haben es gekauft!«

Henri (5) wird gerade von Mama von der Kita abgeholt, sieht eine andere Mutter mit Jogging-Outfit an und sagt laut: »Ach, so eine Kleidung hat meine Mama auch, aber sie sitzt damit nur auf der Couch und läuft nie damit ...«

Anton (4) wird von seiner Oma aus dem Kindergarten abgeholt. Auf dem Weg nach draußen begegnen sie seinem Freund Finn (4). Der fragt: »Wirst du heute von deiner Babysitterin abgeholt, Anton?«
Darauf Anton (milde lächelnd): »Nein, schau doch mal, sie hat einen ganz alten Kopf, so sieht doch keine Babysitterin aus!«
Oma ist entzückt.

Pia (4) wird gerade von Mama aus dem Kindergarten abgeholt und fragt den Erzieher, warum sein Bart so lang ist.
Erzieher: »Ich hab mich heute vergessen zu rasieren.«
Pia mit Blick zu Mama: »Meine Mama rasiert sich auch immer die Vagina.«

Michelle (3) sagt eines Morgens »Penner« zu ihrem Bruder.
Mama fragt: »Weißt du denn, was ›Penner‹ bedeutet?«
Michelle: »Ja, immer, wenn Papa mich mit dem Auto in den Kindergarten bringt, ist hinter uns ein Penner!«

Bianca (5): »Ich mag nicht laufen!«
Mama: »Du bist schon groß und kannst selber laufen.«
Als eine ältere Dame mit ihrem Rollstuhl vorbeifährt, sagt Bianca zu Mama: »Ist die auch zu faul zum Laufen?«

Die etwas fülligere Tante meint zu Annika (7), die nichts mehr essen möchte: »Iss mal brav auf, damit du groß und stark wirst.«
Annika sieht sie von oben bis unten an und meint: »Na, du hast bestimmt immer alles aufgegessen.«

Mama und Ilona (10) sind beim Gespräch zur Versetzung auf die weiterführende Schule.
Die Lehrerin fragt Ilona: »Was machst du denn gerne in deiner Freizeit?«
Ilona: »Fernsehen und iPad-Spielen, aber Mama hat gesagt, ich soll ›Lesen‹ sagen.«

Besuch eines Polizisten im Kindergarten, der Fragen zu seinem Beruf beantwortet.
Als er seine Handschellen zeigt, sagt Helma (4):
»Mein Papa hat auch Handschellen zu Hause, aber damit hat er noch nie jemand gefesselt.«

Ben (5) beim Familienessen zur Tante: »Du, deine Beine finde ich voll schön, vor allem die ganzen Stacheln …«

Peggy (8) wird von Mama mit zur Arbeit genommen.
Mama fragt sie in Anwesenheit der Kollegen: »Und, wie gefällt es dir?«
Peggy: »Nicht so schlimm, wie du immer erzählst.«

Larissa (5) vom Rücksitz des Autos, als vor ihnen
jemand sehr langsam fährt und Mama tief Luft holt:
»Mama, du brauchst nicht mehr Arschloch zu sagen,
hab ich schon gemacht.«

Nachbarin: »Und du musst der kleine
Jonas sein!«
Jonas (5): »Ich muss gar nichts!«

In der Damenumkleide im Schwimmbad zeigt
Tina (3) auf einige ältere Damen und sagt
laut: »Mama, warum haben die so lange
Busen?«

Joshua (4) sieht im Bus eine Frau mit Zahnspange
und ruft laut: »Mama, wieso hat die Frau eine Kette
im Mund?«

**Mama pumpt gerade Milch für ihr Baby ab.
Eine Nachbarin klingelt an der Tür, Cecilia (6)
macht auf.
Nachbarin: »Wo ist denn deine Mutter?«
Cecilia: »Die melkt sich gerade selbst.«**

Mama singt auf einer Familienfeier für Emil (3):
»Winter ade, Scheiden tut weh ...«
Emil fragt laut, so dass alle Gäste es hören:
»Mama, warum tut dir deine Scheide weh?«

Kulinarisches

Im Kindergarten sagt Tobi (3) zur Erzieherin: »Mein Bauch würgt!«
Erzieherin: »Wie bitte?!«
Tobi: »Mein Bauch würgt, ich habe soooooo einen Hunger!«
Erzieherin: »Ach, dein Magen knurrt.«

Silas (2) am Esstisch zu Mama: »Darf ich noch einen Leberfleck haben?«
Mama: »Was möchtest du haben?«
Silas zeigt: »Na, das da!«
Mama: »Ach, einen Leberkäse!«

Beim Osterfrühstück: Florian (4) sitzt verzweifelt vor seinem gekochten Ei und weiß nicht, wie man dieses öffnet. »Kann mir mal bitte jemand das Ei ausbrüten?«

Im Auto auf dem Weg zum Restaurant.
Papa: »Und, Johannes, weißt du schon, was du essen möchtest?«
Johannes (5): »Nein ... Auf jeden Fall aber was gegen Hunger!«

Max (3) isst sehr gerne Pistazien.
Er läuft zu Opa, weil er eine Nuss nicht geöffnet
bekommt, und sagt: »Opa, mach du mal auf,
die Nuss klemmt!«

Amira (4): »Die Kuh gibt uns die Milch, stimmt's? Und
die Maus ...« (Denkpause) » ...die Maus gibt uns den
Käse, stimmt's, Mama?«

Mama paniert gerade Schnitzel in der Küche.
Jasper (4) kommt dazu und fragt: »Mama, wieso
machst du die Schnitzel sandig?«

Mama: »Guten Morgen, magst du kuscheln?«
Erik (3): »Momentan mag ich Kakao und nicht kuscheln ...«

**Jana (4): »Mama, ich mach keine Witze,
ich mach keinen Quatsch, und ich spiele
nicht – ich BRAUCHE Schokolade!«**

Mama: »Levi, möchtest du eine Banane?«
Levi (3), ohne zu zögern: »Nein, Mama, da ist zu viel
Banane drin.«

Julius (3) möchte selber Ketchup auf seine Pommes geben.
Papa gibt ihm den Tipp: »Dazu musst du die Flasche auf den
Kopf stellen.«
Julius sieht Papa ungläubig an und hebt dann die Flasche
über seinen Kopf ...

Silas (2) ist seit sechs Monaten abgestillt. Ab und zu fragt er nach, ob er mal wieder an Mamas Brust trinken kann.
Mama erklärt ihm, dass das nicht geht, da die Brust leer sei.
Eines Tages kommt Silas beim Einkaufen mit einer Tüte Milch zu Mama und sagt: »Schau, Mami, die können wir in deine Brust reintun, damit ich wieder trinken kann.«

Nathalie (4) beim Zubettgehen: »Mama, wie macht man Knäckebrot?«
Mama: »Das weiß ich ehrlich gesagt nicht so richtig, mein Schatz!«
Nathalie: »Aber ich, Mama – aus Knäcke!«

Damian (5) fängt an zu singen: »Haribo macht …«
Mama vervollständigt im Kopf: »… Kinder froh, und Erwachsene ebenso!«
Damian überrascht Mama mit: »… Kinder fett, steht sogar im Internet!«

Tochter (5) gibt einen Riesenklecks Mayonnaise auf ihren Teller.
Mama: »Und was möchtest du dazu essen?«
Tochter: »Ketchup!«

Jens (5): »Stimmt's, Mama, als ich Baby war, hab ich aus der einen Brust Milch getrunken …«
Mama: »Ja, stimmt.«
Jens: »… und aus der anderen Tee!«

Kati (6) bekommt Karotten auf den Teller.
Mama: »Die schmecken seeehr lecker!«
Kati probiert tatsächlich und meint dann
vorwurfsvoll: »Immer sagst du ›sehr lecker‹, und
dann schmecken die wie immer!«

**Tristan (5): »Mama, kannst du mal wieder
Luftsäcke kaufen? Die waren so lecker!«
Es dauert etwas, bis Mama begreift, dass er
Windbeutel meint.**

Vor dem Abendessen:
Josi (4): »Was kochst du da? Ist das
BussiBussi?«
Mama: »Was koch ich??«
Josi: »BussiBussi ... den ganz kleinen
Reis!«
Mama: »Aaahhh ... Couscous!«

**Benno (3) über die leicht schrumpelige Weintraube:
»Da ist die Luft raus.«**

Mia (5) morgens beim Frühstück mit
verschränkten Armen und wütendem
Gesichtsausdruck: »Wieso steht die Mango so
nah bei euch, obwohl ihr längere Arme habt,
und weit weg von mir, obwohl ich viel kürzere
Arme habe?«

Mama zu Julian (3): »Was gab's denn heute im Kindergarten zu essen?«
Julian: »Viereckfleisch.«
Mama schaut am nächsten Tag im Kindergarten nach, was es gab: Gulasch ...

Kira (3) möchte Salami aufs Brot.
Mama: »Was möchtest du drunter haben, Butter?«
Kira: »Gelbwurst.«

Mama backt mit Nina (4) eine Pizza.
Mama: »So, jetzt verteilen wir passierte Tomaten auf den Pizzateig.«
Nina: »Mama, was ist den Tomaten denn passiert?«

Mama: »Ich kann dir eine Orange schälen.«
Liam (4): »Bitte schäl mir lieber ein Gummibärchen.«

Mia (5) möchte ein Überraschungsei kurz vor dem Mittagessen.
Omi: »Nein, das kannst du als Nachtisch essen – wir essen gleich.«
Mia: »Ja, dann ess ich das VOR dem Mittagessen als Nachtisch!«

Oma backt Kuchen. Kay (6) fragt, wie denn der Kuchen heiße.
Oma: »Bienenstich.«
Ratloser Blick: »Oma, pikst der?«

Miriam (3) bestellt im Eiscafé: »Ich hätte gerne eine Kugel ›Schwarze Teller‹.« (Stracciatella)

Marketa (6) soll Eis für sich und die Eltern beim Standverkäufer kaufen. Als sie mit drei großen Eistüten zurückkommt, rutscht ihr eine aus der Hand und fällt in den Sand.
»Wie schade«, sagt sie traurig, »jetzt habe ich dein Eis fallen lassen, Papa!«

Im Restaurant sagt Christoph (7): »Für uns Kinder ist Essen im Restaurant nichts Besonderes. Wir werden ja immer bedient. Aber für euch Erwachsene ist das was Schönes.«

Opa fragt Mia (5) beim Weihnachtsfondue: »Und welches Gemüse schmeckt dir am besten?«
Mia: »Fleisch!«

Leon (4): »Mama, was essen wir heute?«
Mama: »Heute gibt es Schnitzel.«
Leon fängt an zu heulen und lässt sich kaum beruhigen: »Ich will kein Schnitzel, ich will Fleisch!«

Nicole (4), nachdem sie zum ersten Mal bei einem Karnevalsumzug war, auf dem Kamelle geworfen wurden, erzählt völlig fassungslos: »Manche Menschen mögen keine Bonbons, die schmeißen die weg ...«

Daniela (3) ist zu Besuch bei ihrer Freundin Maria und sieht einen Kuchen auf dem Tisch stehen: »Was ist das für ein Kuchen?«
Marias Mama: »Das ist Steffens [Bruder von Maria] Geburtstagskuchen. Der ist jetzt acht Jahre alt.«
Daniela erwiderte ziemlich skeptisch: »Der Kuchen?!?«

Tim (4): »Mama, wann essen wir mal wieder Fischstäbchen?«
Mama: »Aber du magst doch gar keine Fischstäbchen!«
Tim: »Doch, ich mag nur das nicht, was im Fischstäbchen drinnen ist.«

Martin (5) beim Orangensaftpressen: »Du Mama, darf ich jetzt das Zahnfleisch essen?«

Mia (5) zur Frage, was die Familie zu Mittag essen will: »Also, mein Magen sagt, dass er Pizza will ...«

Tom (4) beim Mittagessen im Kindergarten: »Mein Papa und ich haben schon mal einen ganzen Fisch gegessen, der war aber schon tot.«

Amy (5) ist bei ihrer Oma zu Besuch. Beim Mittagessen: »Oma? Du hast aber lecker gekocht. Du müsstest mal woanders kochen, zum Beispiel bei McDonald's.«

Mama, Tante und Vincent (5) sitzen beim Essen, das Mama gekocht hat. Vincent mit voll verschmiertem Mund zur Tante: »Die Mama ist die Tollste.«
Tante: »Ja, das ist sie, warum ist die Mama denn die Beste?«
Vincent: »Weil sie immer so lecker kocht ...«
Und dann mit Blick zu Mama: »Mama, dich liebe ich.«

> Luis (3) beäugt beim Abendessen lustlos sein Brot mit Käse und quengelt: »Maaamaaa, wann wird das endlich lecker ...?«

Oskar (4): »Mama, darf ich was Süßes?«
Mama zeigt Richtung Vater: »Da ist dein Papa!«
Oskar: »Das ist doch nichts Süßes!!«
(Dabei meinte Mama nur, er solle den Papa fragen, da er direkt neben ihm sitzt.)

Leona (6), die den kompletten Schokonikolaus entgegen der elterlichen Anweisung aufessen möchte: »Papa, wenn ich zu wenig Schokolade esse, werde ich zu dünn und muss vielleicht sterben.«

Jonas (4) sieht im Oktober im Supermarkt Schokoladennikoläuse. »Mama, guck mal. Ein Nikolaus.«
Mama sagt: »Ja, schön, lass ihn stehen. Es ist noch zu früh dafür.«
Jonas drauf todernst: »Aber die schmecken schon!«

Max (5) isst Physalis.
Oma sagt: »Oh, lecker. Weißt du, wie die
Frucht heißt?«
Max: »Ja, Physalis. Die sind lecker, stimmt.«
Oma: »Und weißt du auch, wo die her sind?
Die sind aus Südamerika.«
Max (ganz ernst): »Nee, Oma, die sind doch
von REWE!«

Ken (5): »Mama, wie heißt nochmal diese Frikadelle
mit Zuckerguss?«
(Er meint »Berliner«.)

Korbinian (8): »Mama, was bedeutet eigentlich Fastenzeit?«
Mama: »Man verzichtet auf etwas, zum Beispiel
Schokolade.«
Korbinian: »Dann lass uns doch einfach 'nen Käsekuchen
backen!«

In der Kita sollen die Kinder Nahrungsmittel mit
verbundenen Augen am Geruch erkennen.
Bei der Zwiebel sagt Anton (4): »Das kenn ich. Das ist
Döner.«

Stella (12) ist Vegetarierin und erklärt ihrem Bruder
Malte (8) beim Essen, wie schlecht die Tiere
gehalten werden, bevor sie geschlachtet werden.
Seine Antwort: »Dann sind die ja froh, wenn ich sie
esse«, und beißt genüsslich in seine Wurst.

Oliver (5) schaut im Restaurant bei Opa in die Karte und fragt: »Was steht da?«
Opa: »Alle Preise inklusive gesetzlicher Mehrwertsteuer.«
Oliver völlig überwältigt: »Oh ja, das wollt ich schon immer mal essen.«

Sinja (3) bekommt Brokkoli hingestellt.
Sie schaut skeptisch und meint dann: »Nein, also Gebüsch esse ich wirklich nicht!«

Mia (6) zu Papa: »Da die Mama arbeiten ist, können wir uns eine Pizza bestellen, wir müssen ihr das ja nicht erzählen.«

Finn (3) isst einen Traubenzucker aus der Apotheke, der sehr sauer ist.
Finn: »Mama, der ist sauer.«
Mama: »Aber von Traubenzucker bekommt man viel Energie.«
Finn: »Nein, ich will keine Allergie bekommen.«

Anton (6) kommt aus der Schule in den Hort und schaut direkt nach, was es heute zu essen gibt.
Er kommt aufgeregt angerannt und schreit in die Gruppe: »Alle mal herhören! Heute gibt es geflügelte Wurst!«

Helena (3) möchte gerne ein Stück Wassermelone.
Mama: »Ich glaube, die schmeckt dir zu mehlig.«
Helena: »Aber Mama, deshalb heißen die ja auch
Me(h)lonen!«

Juri (5) isst Ahoi-Brause.
Papa: »Die gab es auch schon, als ich ein kleiner Junge war.«
Juri: »Iiiihhh, dann ist die ja abgelaufen!«

Caprice (5) wird von ihrer Mutter gefragt: »Möchtest
du dein Brot getoastet haben?«
Caprice: »Nein, ich esse es lieber roh.«

Im Spanienurlaub nimmt der Kellner im Restaurant die
Bestellung auf. Chris (7) bestellt Mineralwasser.
Kellner: »Sin gas o con gas?«
Chris (empört): »Natürlich MIT Glas!«

Luke (5): »Mama, darf ich was Süßes?«
»Nein, und schon gar nicht vor dem Frühstück.«
»Aber ich hatte schon gaaanz lange nichts Süßes
mehr.«
»Du hattest gestern Abend ein Eis.«
»Aber das war Erdbeere. Und Erdbeere ist Obst.«

Karim (5) will unbedingt probieren, wie Kaffee schmeckt,
und nimmt einen kleinen Löffel davon.
Angewidert sagt er: »Also, Mama, meine Zunge hat nicht
verstanden, warum das schmecken soll.«

Lia (3) liebt Babybel (Käse).
Auf dem Markt sieht sie eine Frau einen Kohlrabi
schälen und schreit: »Mama, schau mal, die Frau
hat einen Riiiiiiesen-Babybel in der Hand. Oooooh,
cool.«

**Mama morgens beim Frühstück: »Womit soll ich
dir dein Brot schmieren?«
Kai (4) hebt verständnislos die Arme: »Na, mit
einem Messer, Mama!«**

Karla (6): »Gibt's wieder keine Soße zum Fleisch?«
Mama: »Nein.«
Karla: »Also, ich finde dich ja auch dick total schön!«

Papa hat Salat gemacht.
Emil (3): »Ihhhhh. Ich mag keinen Garten.«

**Annika (4): »Mami, kann ich ein Eis haben?«
Mami: »Wie heißt das Zauberwort?«
Annika überlegt kurz, dann: »Sahne???«**

Anna (4) isst zum ersten Mal
Bambussprossen.
Im Kindergarten erzählt sie:
»Wir haben gestern SOMMERSPROSSEN
gegessen!«

Lilli (4): »Mama, warum isst du kein Fleisch mehr?«
Mama: »Weil ich keine Tiere mehr essen möchte.«
Lilli: »Ich mag auch Tiere gern und will sie nicht essen, aber sie sind einfach zu lecker.«

Im Kindergarten kocht Amelie (5) für die Erzieherin in der Puppenecke Pfannkuchen mit Nutella und Schokosoße: »Möchtest du ein oder zwei Pfannkuchen?«
Erzieherin: »Oh, einer reicht mir, danke. Ich darf nicht so viel davon essen, wegen der Kalorien.«
Amelie: »Nee, nee, die kannst du ruhig essen, ich koche immer ohne Kalorien.«

Oma ist mit Patrick (5) bei McDonald's.
Oma: »Patty, was möchtest du denn essen?«
Patrick: »Heute will ich mal Hambürger!«
Oma: »Das heißt aber Hamburger.«
Patrick: »Ach Oma, du weißt ja gar nichts. Das heißt Hambürger. Ich will ja nicht nur einen, sondern zwei.«

Ian (5): »Ich hab Durst.«
Mama: »Dann hol dir ein Wasser.«
Ian geht an den Kühlschrank und kommt mit einer Capri-Sonne wieder.
Mama: »Das ist aber kein Wasser.«
Ian: »Doch, Mama, da ist auch Wasser drin!«

Beim Mittagessen trinken die Kinder
Maracujaschorle.
Philip (5) entsetzt: »Das schmeckt ja total sauer.«
Dominik (7) antwortet: »Ist doch logisch – das liegt
an dem ganzen SAUERstoff da drin.«

**Mia und Theresa (beide 7) im Auto auf dem Weg
zum Kino.
Mia: »Möchtest du salziges oder süßes Popcorn?«
Theresa: »Lieber saures Popcorn.«**

Mama: »Probier den Grießbrei bitte erst. Letztes Mal
mochtest du ihn nicht.«
Benno (5) probiert. »Lecker!«, sagt er und nimmt einen
Nachschlag.
Nach drei Löffeln beginnt er herumzustochern.
Mama: »Schmeckt es dir doch nicht?«
Benno: »Nein. Tut mir leid, Mama. Ich hab mich
verschmeckt!«

**Papa hat das erste Mal (!) für Sophie (5) gekocht
und fragt, wie es geschmeckt hat.
Sophie: »Also, der Ketchup war lecker ...«**

Papa hat zum ersten Mal alleine gekocht, besser spät als nie.
Es gibt Nudeln mit frischer Bolognesesauce.
Schon während der ersten Bissen sagt Phillip (7): »Och
Papa ... also für dein Alter und dafür, dass du ein Mann bist,
schmeckt das voll lecker.«

Mama: »Ida, weißt du, was echt toll ist?«
Ida (2): »Hmmmmm ... POMMES.«

Am Nachmittag sagt Mama: »Also, nach dem
Abendessen gibt es noch ein Eis.«
Janina (3): »Also, ich möchte jetzt abendessen!«

Janina (3): »Ich habe bis unter beide Arme
Kinderkaffeedurst.«

Mama: »Sarah, was sollen wir kochen?«
Sarah (12): »Rindsrouladen, Knödel, Blaukraut.«
Mama: »Dann kannst du mir ja beim Kochen
helfen. Weißt du, wie man Rindsrouladen
macht?«
Sarah: »Ja, mit ganz viel Liebe.«

**Oma und Opa wollen, dass Mena (5) etwas vom Gemüse
probiert, und sagen: »Nicht essen, nur probieren!«
Mena: »Morgen bin ich wieder weg, dann könnt IHR
probieren, was IHR wollt!«**

Papa kocht, und während alles so vor sich hin gart, geht
er ins Wohnzimmer.
Als er in die Küche zurückkommt, fragt Zoey (4): »Warum
gehst du immer hin und her?«
Papa: »Weil ich aufpassen muss, dass nichts anbrennt.«
Zoey: »Du kannst ruhig im Wohnzimmer bleiben, ich ruf
dich dann, wenn alles anbrennt!«

Nach einem Grillfest in Bayern meint Fynn (7): »Ich hab
Fleischpflanzerl gegessen.«
Mamas Verlobter (ein Bayer) grinst siegessicher, da in der
Familie die Grundsatzdiskussion »Frikadelle versus
Fleischpflanzerl« oft geführt wird.
Mama: »Also, ich hab Frikadellen gegessen.«
Fynn ganz erstaunt und entsetzt: »WAS, die gab es auch?
Die Fleischpflanzerl haben gar nicht geschmeckt. Wenn ich
das gewusst hätte, hätte ich Frikadellen gegessen.«

Mama und Tante sitzen auf dem Spielplatz und
essen einen Amerikaner. Lias (5) kommt und
fragt, was sie denn da essen.
Mama: »Das ist ein Amerikaner.«
Lias geht wieder spielen, kommt aber nach ein
paar Minuten zurück und meint: »Mama, darf
ich auch einen Afrikaner essen?«

**Niklas (5) hätte gerne einen Pudding als Nachtisch
nach dem Abendessen. Papa reicht ihm einen
Apfel.
Niklas schaut den Apfel an und meint dann
ziemlich trocken: »Der schaut so gut aus, den heb
ich mir glatt für morgen auf.«**

Alicia (4) auf dem Bauernhof, nachdem sie
beim Kühemelken zugesehen hat: »Mama,
ich würde auch gerne mal frisch gepresste
Kuhmilch probieren.«

Nach einem Besuch in einem gehobenen, teuren italienischen Restaurant meint Mia (8): »Also, empfehlen kann ich den Italiener nicht wirklich.«

Papa: »Wieso?«

Mia: »Der hatte kaum Auswahl, und Pizza hatte er gar keine.«

Papa: »Aber gute Restaurants haben immer eine kleine Karte, weil sie alles frisch kochen. Und der war eben auf Nudeln spezialisiert, Pizza hat ja jeder Italiener.«

Mia: »Und der hatte nicht mal richtige Nudeln, also Spaghetti, und auch keine mit Tomatensoße.«

Lara (7) nach der Schule: »Was gibt es heute zu essen?«

Mama ruft aus der Küche: »Nudeln, Farfalle.«

Lara: »Waaas? Verfallene Nudeln ess ich nicht.«

Natur

Leni (4): »Warum riechen die Blumen so gut? Nehmen die auch so Spritzwasser wie die Mami?«

Lutz (5) schaut vom Krabbenkutter auf die Nordsee und fragt: »Und wo schwimmen hier die Fischstäbchen?«

Joel (4) schaut aus dem Fenster und meint: »Es flockt schon wieder!«

Papa erzählt, dass die Spinne am Kindergarten nicht im Netz war, da meint Zoey (4): »Die war einkaufen, Papa.«

Mia (6) und Papa unterhalten sich über Sonne, Mond und Erde.
Papa: »Und warum leuchtet der Mond?«
Mia: »Weil er von der Sonne angeleuchtet wird.«
Und nach einer Pause dann: »Und damit die Menschen nachts was sehen können, zum Beispiel, wenn Stromausfall ist und die Laternen nicht mehr gehen ...«

Die Familie sitzen am Mittagstisch, und Mama zeigt
Bilder vom Blutmond.
Clara (4) schaut sich die Bilder an und schnappt nach
Luft: »Der Mond ist ja kaputt!«

Collin (4) am Morgen beim Aufstehen:
»Die Vögel singen, weil sie so froh sind,
dass ich wach bin.«

Die Tante zeigt Alina (2) ein Bilderbuch und sagt:
»Schau mal, ein Piep-Piep!«
Alina fachmännisch: »Papagei.«

Die Familie wohnt am Meer. An einem Regentag meint
Hannah (3): »Bald ist das ganze Meer weg, Mami.«

Olivia (4) und ihre Großeltern machen
Urlaub in den Bergen. Sie sitzen draußen und
genießen die Sonne und den strahlend
blauen Himmel.
Plötzlich sagt Olivia: »Es wird regnen.«
Oma: »Woher weißt du das?«
Olivia zeigt auf einige Paraglider am Himmel
und sagt: »Na, schau, die Vögel haben die
Regenschirme offen.«

Mia (5): »Welche Farben hat der Regenbogen?«
Papa hat sechs Farben aufgezählt, aber Blau war
nicht dabei.
Papa: »Blau?«
Mia: »Nein.«
Papa: »Hellblau?«
Mia: »Nein.«
Papa: »Türkis?«
Mia: »Nein.«
Papa: »Okay, ich geb auf – welche fehlt denn?«
Mia: »Na, Indigo!«

Manuel (4) beim gemeinsamen Essen auf der
Veranda, als er an einer Blume eine Hummel
und eine Biene sieht: »Können Hummels
eigentlich mehr Blumen betäuben als Bienen,
weil, die Hummels sind ja fetter?«

Am Teich der Großeltern sieht Lena (3) eine Libelle
fliegen und ruft ganz entzückt: »Guck mal, Mama, da
fliegt eine Frikadelle.«

Beim Spaziergang fliegt eine Libelle um Mama und
Zoe (3). Zoe daraufhin: »Oh, guck, ein Labello!«

Caspar (4): »Wenn die Vögel morgens
quietschen, wird's Frühling.«

**Chris (5) sagt zu Mama: »Nenne mir ein
Lieblingstier mit ›N‹.«
Mama: »Nashorn, Nilpferd …« – alles falsch.
»Ich weiß nicht«, sagt Mama irgendwann.
Darauf Chris, triumphierend: »Nachbars Katze.«**

Mia (6) macht mit ihren Armen fliegende Bewegungen
und fragt: »Papa, wie heißt nochmal dieser Teppich,
der im Wasser lebt?«
(Sie meinte einen Manta-Rochen!)

**Vincent (5): »Mama, ich brauche Zucker.«
Mama: »Wofür?«
Vincent: »Ich will den Zucker mit Wasser mixen
und dann unseren Kirschbaum gießen – letztes
Jahr waren die Kirschen so sauer …«**

Henry (6) beim Anblick des Vollmonds: »Mama,
warum ist der Mond so dick, hat der zu viel
Süßigkeiten gegessen?«

An einem nebligen Novembertag sagt Moritz (4)
plötzlich: »Mama, Nebel sind Wolken, die zu faul sind
zum Fliegen!«

Ben (4), beim ersten »Schwimmen« im Meer, nachdem er
eine Ladung Meerwasser geschluckt hat, ganz empört: »Wer
hat denn das Salz da reingetan?«

Lisa (2) zeigt am Abend entsetzt zum Halbmond am Himmel: »Vom Mond ist ein Stück abgebrochen.«

Marie (3) war mit ihrem Vater bei den Nachbarn Katzenbabys anschauen.
Aufgeregt erzählt sie ihrer Mutter: »Es sind zwei Jungskatzen und zwei Mädchenkatzen.«
Mama: »Woher weißt du das?«
Marie: »Papa hat sie hochgehoben und unten geschaut – ich denke, man kann es am Boden nachlesen …«

Mama erzählt Adriana (6), dass in einer Kokosnuss Milch drin ist, die man trinken kann.
Adriana runzelt die Stirn und sagt dann ganz nachdenklich: »Wie kriegen die denn die Milch von der Kuh in die Kokosnuss?«

In der vollen Straßenbahn fragt ein Kind: »Papi, woran erkennt man, ob es eine Katzenmama oder ein Katzenpapa ist?«
Nach kurzer Denkpause, ALLE Augen und Ohren auf den Befragten gerichtet: »Ein Katzenpapi hat doch einen Schnurrbart.«

Annemarie (4) erzählt Oma, dass sie bei ihrer Freundin das erste Mal einen Hamster streicheln durfte.
Oma: »Was war das denn für ein Hamster?«
Annemarie zuckt mit den Schultern: »Keine Ahnung.«
Oma daraufhin: »War es vielleicht ein Goldhamster?«
Annemarie: »Nee, geglitzert hat er nicht …«

Urlaub auf dem Bauernhof.
Linus (6) sieht einen Bullen im Stall und fragt:
»Warum hat der denn noch sein Preisschild im Ohr?«

Amelie (3) schaut an einem nebligen Oktobermorgen aus dem Fenster und ruft: »Mama, schau mal, da draußen ist ganz viel Staub!«

Melanie (4): »Fische leben im Meer, manchmal liegen sie aber auch einfach in einer Blechdose nebeneinander und kuscheln …«

Enno (3) sieht aus einem Fenster vor dem Haus einen Fasan und ruft ganz aufgeregt: »Mami, Mami, komm schnell, ein Schwan, ein Specht!«

Mirja (4) sieht im Garten einen Zitronenfalter vorbeifliegen und brüllt auf einmal los: »MAMAAAA, PAPAAAAA! Kommt schnell! Da fliegt ein Orangensaftschmetterling!«

Im Zoo bei den Pavianen sagt Leon (3): »Mamaaaa, warum haben die Affen alle rote Unterhosen an?«

Oliver (4) geht über vertrocknete Blätter und kommentiert das: »Das knuspert richtig!«

Luisa (3): »Mamaaa … Was ist eigentlich in einem Berg drin?«

Marvin (3): »Mama, wie nehmen die Bienen beim Sammeln ein Glas mit?«

Emma (4) sieht vom Rücksitz des Autos ein Industriegebiet mit vielen qualmenden Fabrikschloten und sagt ganz begeistert: »Schaut mal, hier werden die Wolken gemacht.«

Marc (5): »Der Tierpark ist toll. Da kann man Tiere sehen, die gibt's gar nicht.«

Susanne (5): »Warum gibt es nicht einen geraden Regenbogen?«

Julie (2) sieht auf der Straße einen Collie mit der markant buschigen Mähne und meint völlig überzeugt: »Ohhhh, guck mal, Mama, ein Löwe.«

Nicole (4) sieht zum ersten Mal einen Golden Retriever.
Nach einiger Zeit fragt Mama: »Weißt du, ob das ein Mädchen oder ein Junge ist?«
Nicole: »Natürlich ein Mädchen – das sieht man doch an den langen Haaren ...«

Der kleine Lutz (5) beobachtet eine Ameisenstraße und ruft: »Schaut mal, hier haben die Ameisen alles plattgetrampelt.«

Lia (5): »Ein Pfirsich ist eine Nektarine mit Fell.«

Ben (3): »Wer hat die Schale an den Apfel gemacht?«

**Mel (2) sieht einen Dalmatiner auf der Straße und
ruft entzückt: »Mama, schau mal, eine Kuh.«**

Um 6 Uhr morgens sieht Noah (5) aus dem
Kinderzimmer und sagt begeistert: »Mama,
sieh mal, der Mond.«
Kurze Zeit später nach einem Blick aus dem
Badezimmerfenster: »Mama, der Mond
verfolgt mich.«

**Marie (3) sieht zum ersten Mal einen Esel und fragt:
»Ist das ein Hasenpferd?«**

Mainie (7): »Papa, ist Lennox [der Familienhund] eigentlich
Deutscher?«
Papa: »Ja.«
Mainie: »Ja, sonst würde er auch anders bellen.«

**Carlotta (6): »Mama, woher weißt du die
Antworten immer alle?«
Mama: »Ich lebe schon länger auf diesem
Planeten.«
Carlotta: »Und auf welchem hast du vorher
gelebt?«**

Fynn (5) sitzt im Planschbecken und sagt zu Mamas Freundin, die aus Belgien zu Besuch ist: »Annika, guck mal, UNSER Wasser ist nass.«

Leonidas (4) erzählt seiner Erzieherin ganz entrüstet: »Schon mal hat ein Vogel mit seinem Po auf unser Auto gekotzt.«

David (7) sagt an einem Abend mit sternklarem Himmel, von dem der Vollmond herabscheint: »Mama, gell, die Sterne sind die Töchter vom Mond.«

Emilia (2) kommt aus der Haustür, nachdem es über Nacht getaut hat, schaut Mama verwirrt an und fragt: »Mama, wer Schnee aufgeräumt?«

Mama klärt Nina (6) über die Pflege von Pferden auf und fragt: »Weißt du auch, warum man sich nicht hinter ein Pferd stellen sollte?«
Nina: »Klar, wenn sie pupsen, fällt man von dem Gestank um.«

Mama: »Hast du den Goldfischen schon frisches Wasser gegeben?«
Kevin (5): »Nein, die haben das alte ja noch nicht ausgetrunken ...«

Marie (5) »Also, ich finde, der liebe Gott hat mit der Länge der Nacht ganz schön übertrieben.«

Papa: »Weißt du, wie ein Schmetterling entsteht?«
Wilhelm (5): »Ja, zuerst ist er eine Raupe und lebt in einem Croissant. Dann frisst er es auf und ist ein Schmetterling.«

Erzieherin: »Was machen die Vögel im Frühling?«
Julian (4): »Auf unser Auto kacken.«

Mama: »Komm, Niklas, wir gehen an die frische Luft.«
Niklas (5): »Warum? Mein Fenster ist doch auf.«

**Mia (6) nach der Projektwoche »Weltraum« im Kindergarten, Teil I: »Neil Armstrong war der erste Mensch auf dem Mond. Also, ich würde gerne der erste Mensch auf der Sonne sein.«
Papa: »Dann würdest du aber verbrennen.«
Nach einer Weile meint Mia triumphierend: »Wenn ich ganz alt bin und kurz vor meinem Tod, dann würde ich zur Sonne fliegen, dann wäre es ja egal …«**

Mia (6) nach der Projektwoche »Weltraum« im Kindergarten, Teil II: »Papa, weißt du, was das Coole ist, wenn man auf einer Raumstation ist? Man kann ein Eis einfach loslassen, und es schwebt in der Luft, und dann kann man es ablecken und sich gleichzeitig mit der Hand irgendwo kratzen …«

Theo (3) will auf eine Schnecke treten, da sagt sein Freund Janne (5) zu ihm: »Das darfst du nicht machen, das sind Sorgetiere, die können alle Tiere versorgen.«

Im Kindergarten werden Waldtiere besprochen. Erzieherin fragt: »Wisst ihr, wie viele Junge eine Häsin normal bekommt?«
Cecilia (4): »Wieso bekommt die nur Jungs und keine Mädchen?«

Jens (4) ist das erste Mal am Meer: »Mami, wo ist das Kinderbecken?«

Nasti (4) ganz entsetzt: »Mama, guck mal, der arme Löwe hat einen ganz roten Po.«
Mama: »Ja, Schatz, das ist auch ein Pavian.«

Karl (4) sieht mit Papa eine Nacktschnecke und erklärt: »Die heiratet irgendwann mal eine Schnecke MIT Haus, und dann ziehen die gemeinsam in das Haus ein.«

Larissa (5): »Es ist schon spät, der Himmel schläft auch schon.«

Chloé (4): »Mama, wozu sind Hummeln da?«
Mama: »Weiß ich auch nicht so genau. Honig machen sie auf jeden Fall nicht.«
Chloé: »Dann machen sie sicher Marmelade!«

Marla (5) über die gestreifte Katze ihrer Freundin Alice: »Die ist kariert, aber nur in eine Richtung ...«

Auf dem Weg zum Kindergarten stolpert Benno (3) und fällt auf seinen Hintern. Er steht auf, klopft sich die Hände ab und sagt: »Da habe ich aber Glück gehabt. Der Boden hat mich aufgefangen.«

Ferien auf dem Bauernhof, zwei Schweine kopulieren.
Karla (3): »Mama, die Schweine kämpfen.«
Mama: »Ääh. Ja.«
Ben (7): »Neee, Mama, ich weiß, was die machen! Ich kenne das!«
Mama schaut erschrocken.
Ben: »... die spielen Schubkarre!«

Beim Spazierengehen tritt Florian (7) auf eine Nacktschnecke, die danach Matsche ist.
Florian: »Guck mal, Mama, die Schnecke hat gekotzt.«

Leo (4) fragt im Schwimmbad, ob er ein Eis haben darf.
Mamas Antwort: »Es gibt jetzt kein Eis, da ist so eine große Schlange, da warten wir ewig.«
Leo, erstaunt: »Ist da wirklich eine Schlange, Mama, echt wahr?«

Jo (3) macht mit Oma und Opa Ferien auf dem Bauernhof.
Oma fragt sie: »Jo, hast du die Pampers voll?«
Jo: »Nein, die Kühe stinken so!«

Fynn beim Ameisen-Beobachten: »Weißt du
was? Insekten sind denkmalgeschützt.«
(Er meinte »stehen unter Naturschutz«.)

Emma (4) ist bei Oma und Opa zu Besuch, deren
Nachbarin zwei Vogelstrauße hat.
Emma fragt Oma: »Warum haben die Tauben da so
lange Beine?«

Moni (5) betrachtet Kondensstreifen am Himmel, und
Mama erklärt ihr, dass sie von Flugzeugen stammen. Kurz
darauf fliegt ein Schmetterling vorbei.
Moni: »Wieso machen Schmetterlinge eigentlich keine
Kondensstreifen?«

Abends auf der Heimfahrt.
Conner (5): »Wo ist denn der Mond hin?«
Linus (6): »Der hat sich 'ne Ecke gesucht, der
schläft.«

Sina (4): »Mama, ich habe Teddy gesagt, dass er in
die Waschmaschine gehen muss, aber dass er
keine Angst haben muss, weil du Weichspüler
benutzt und der ihm nicht wehtut …«

Mama schimpft mit Jule (4): »Es gibt gleich ein
Donnerwetter.«
Jule schaut verwirrt, zeigt nach draußen auf den blauen
Himmel und sagt: »Aber es scheint doch die Sonne …«

Mama: »Na, was hat dir beim St.-Martins-Zug am besten gefallen?«
Pia (4): »Als das Pferd von Smarties Kacka gemacht hat.«

Jasmin (6) fragt, ob Mama glaube, dass aus Affen Menschen geworden sind.
Mama: »Ja, das nennt man Evolution. Die Affenmenschen haben sich weiterentwickelt.«
Jasmin: »Ach! Wie Pokémon!«

Emil (3) war mit seiner Oma auf dem Friedhof zum Blumen-neu-Pflanzen. Als er wieder zu Hause ist, fragt er seine Oma: »Oma? Wann gehen wir wieder in den großen Garten?«

Ein Klassenkamerad von Tanja (3) bekommt ein Meerschweinchen.
Mama: »Weißt du eigentlich, was ein Meerschweinchen ist?«
Tanja: »Ja, ein kleines, haariges Schweinchen, das im Meer lebt und schwimmen kann.«

Joel (3) sieht auf einem Bild einen Orcawal und sagt: »Oh, guck mal, ein Pandahai.«

Aimée (6) schaut mit Mama einen Globus an und fragt: »Steht das auf der Erde auch in dieser komischen Schrift?«

Mama und Theo (3) spielen Tiereraten.
Mama: »Das Tier ist ganz klein, es hat acht
Beine ...«
Theo ruft voller Überzeugung: »Elefant!«

**Emil (5) sieht Mama beim Kochen zu und fragt:
»Mama, wieso muss der Fisch gewaschen werden?
Der lebt doch im Wasser!«**

Mama: »Wie heißt das Kind von der Kuh?«
Mareike (5): »Babykuh!«

Marla (3) gibt Omas Hund (einem ausgewachsenen
Jack Russell) etwas zu fressen, mit den Worten: »Ich
hab Nilix Brot gegeben, damit er noch wächst.«

Mama: »Shani, sag mal Schmetterling!«
Shani (2): »Schmeckling.«
Mama: »Shani, das heißt Schmet-ter-ling!«
Shani: »Nö, ich sage Schnecke!! Schnecke sagen kann ich.«

**Thomas (2) fragt, als er an einem an der
Wand aufgehängten Kuhfell vorbeiläuft:
»Von welchem Tier ist die Schale?«**

Mama zu Fiona (4): »Was hast du denn heute Schönes in der
Kita gemacht?«
Fiona: »Wir haben so viele Blumen gepflückt, da war die
Wiese wie gemäht.«

Emilia (6) ist im Garten verschwunden und reagiert nicht aufs Rufen. Irgendwann klettert sie vom Baum runter.
Mama, etwas angefressen: »Warum antwortest du nicht? Du musst mich doch gehört haben!?«
Emilia, völlig unschuldig: »Nee, weißt du, die Blätter sind seeehr dicht ...«

Mama bringt Leeloo (7) zur Schule.
Als sie an einem Haselnuss-Strauch vorbeigehen, fragt
Mama: »Was ist das für ein Strauch?«
Leeloo: »Weiß ich nicht.«
Mama: »Was hängt denn da dran?«
Leeloo: »Nüsse.«
Mama: »Richtig, und was für Nüsse?«
Leeloo: »Keine Ahnung.«
Mama: »Woraus wird denn Nutella gemacht?«
Leeloo: »Ahhhh, aus Nutella-Nüssen.«

Alex (4) sieht draußen im Garten eine
Eidechse und kommt ganz aufgeregt
angelaufen: »Mama, Mama, ein Babydino.«

Fabian (3): »Papa, wieso wachsen die Äpfel am Baum?
Man kann sie doch auch im Geschäft kaufen ...«

Körper & Gesundheit

Carolina (3) erzählt Oma am Telefon, dass sie sich doll wehgetan hat und Papa ihr ein Pflaster aufkleben musste.
Oma: »Wo tut es denn weh?«
Carolina: »Na, unter dem Pflaster!«

Leonie (4), nachdem sie hingefallen ist: »Mama, ich bin hingefallen. Aber ich hab schon gepustet und ein Küsschen drauf gegeben. Das brauchst du nicht nochmal machen.«

Ellie (4) schaut lange auf die spitzen Cowboystiefel ihres Onkels, sieht dann zu ihm hoch und fragt: »Hast du nur EINEN Zeh?«

Luis (3) streicht über den dicht behaarten Arm seines Vaters und sagt: »Oooooohhhhh ... schön weiches Fell.«

Mama fragt Henri (3): »Hast du etwas in der Nase, Henri?«
Henri: »Nee, das ist nur Rost ...«

Sofia (8) geht ums Auto rum und fällt über die Anhängerkupplung.
Nachdem sie sich ins Auto gesetzt hat, fragt Mama: »Geht's wieder?«
Sofia: »Na ja, immer, wenn ich mir wehtue, zucken meine Schaltkreise.«

Emilia (5) ganz schockiert: »Mama, der Opa hat ja gar keine richtigen Zähne, der hat eine ZAHNPERÜCKE.«

Lukas (7) hat sich verletzt und weint.
Papa tröstet ihn und sagt: »Nicht so schlimm. Ein Indianer kennt keinen Schmerz.«
Schluchzende Antwort von Lukas: »Aber ich bin kein Indianer.«

Mama: »Wir müssen gleich zum Arzt, und ich finde deine Karte nicht ...«
Niklas (5): »Mama, reparieren die mich denn auch ohne Karte?«

Jessica (5) zieht am Arm von Oma und sagt: »Oma, warum hast du da am Arm so viel Reservehaut?«

Mutter steht mit Amelie (5) vor dem Friseursalon.
Amelie: »Ich wünschte, ich hätte pinke Haare. Aber ich wurde ja leider mit blonden geboren.«

Philipp (8) liest die Texte von Zigarettenpackungen und verbietet Papa das Rauchen. Anschließend läuft im Fernsehen ein Film, in dem sich ein paar Männer prügeln.
Philipp sagt: »Ich glaube, die haben auch zu viel geraucht, denn zu viel Rauchen verursacht Schlaganfälle.«

Leah (4) sitzt auf der Couch und sagt: »Mama, gib mir bitte was zu trinken.« Mama: »Dein Glas steht hier auf dem Tisch, hol es dir doch bitte selbst.« Leah: »Ich kann nicht, ich hab's im Kreuz.«

Anton (3) zieht sich seine Schuhe selbst an.
Seine Mutter bemerkt, dass der linke Schuh am rechten Fuß gelandet ist: »Anton, dein Schuh sitzt am falschen Fuß.«
Anton mit hochgezogener Augenbraue und vorwurfsvollem Blick: »Maammaaaa, du brauchst mich nicht veräppeln, ich WEISS, dass das meine Füße sind ...«

Oma dreht die Musik im Auto laut auf.
Als sie zu Hause sind, steigt Emil (3) schnell aus, hält sich die Ohren zu und sagt: »Da brechen mir ja die Ohren.«

Katrin (6) verliert gleich zwei Milchzähne auf einmal.
Sie rennt zur Mutti und ruft: »Mama, Mama, ich krieg im
Mund eine Glatze!«

Taito (5), großer Superheldenfan, ist krank und beim Arzt.
Er fragt den Arzt: »Was habe ich denn?«
Arzt: »Du hast einen Virus.«
Taito, voller Vorfreude: »Werde ich jetzt zum Hulk?«

Jan (4) an Ostern: »Ich schlinge den Osterhasen ganz
schnell ohne zu kauen runter, damit ich keine
schlechten Zähne kriege!«
Das macht er dann tatsächlich, ein Stück Schokolade
bleibt im Hals stecken, und er fängt an zu weinen,
weil er Panik bekommt ...

**Niklas (4) im Bad mit Mama, die sich gerade
umzieht.**
Niklas: »Mama, hab ich auch Brüste?«
Mama zeigt sie ihm.
Niklas: »Mama, warum sind die so klein?«
**Mama: »Du bist ein Junge. Jungs haben nur
kleine Brüste!«**
Niklas: »Ich will auch große Brüste haben.«
**Mama: »Das geht nicht. Du hast doch dafür einen
Pipimann.«**
**Niklas: »Kann ich den gegen große Brüste
tauschen?«**

Alexander (5): »Mama, hast du der Frau eben den Stinkefinger gezeigt?!«
Mama: »NEIN, das habe ich WIRKLICH NICHT getan! Denn eigentlich sollte man niemandem den Stinkefinger zeigen ...«
Alexander: »Na TOLL!!! Und WOZU hat man den denn dann?«

Mikael (5) und seine Schwester Marta (4) unterhalten sich.
Mikael: »Früher waren wir Menschen noch Affen.«
Marta: »Ja, und da mussten wir noch zum Tierarzt.«

Julie (5) sieht ihre Mutter kritisch an und fragt: »Ist meine Haut auf der Stirn auch so gefaltet?«

Papa ist beim Physiotherapeuten.
Karl (4): »Du, Mama, warum ist der Papa eigentlich grad weg?«
Mama: »Wegen seiner Schulter, die ihm so wehtut.«
Karl: »Wieso Schulter? Wieso nicht Füße?«
Mama schaut ihren Sohn überrascht an: »Füße? Er hat doch Probleme mit der Schulter.«
Karl mit verwirrtem Blick: »Aber wieso heißt es dann Füße-Therapie?«

Die Katze muss zum Tierarzt, Leo (4) zum
Kinderarzt. Gespräch am Abend vor der U8.
Mama: »Dann wirst du gemessen und gewogen.«
Leo: »Und wann werde ich entwurmt?«

Bruno (2) und seine Eltern machen Urlaub auf dem
Bauernhof. Im Kuhstall darf er zusehen, wie der Tierarzt die
Tiere behandelt. Dabei bekommt die Kuh eine Spritze.
Bruno fragt danach seine Mama: »Aber warum hat sie denn
kein Gummibärchen gekriegt?«

Daniela (4): »Weißt du, Mama, der Papa hat einen
Penis.«
Mama: »Ja, stimmt, alle Jungen und Männer haben
einen Penis.«
Nach einer Pause fragt Mama: »Und weißt du auch,
was Frauen haben?«
Daniela: »Einen dicken Popo.«

**Marija (4): »Einmal war ich so krank, da hatte ich
40 Kilo Fieber!«**

Selina (2) liest zusammen mit ihrem Babysitter ein
Buch und sitzt auf dessen Schoß.
Als der Bauch des Babysitters knurrt, dreht sich
Selina um, fasst in Richtung des Popos vom
Babysitter und sagt: »Hat gepupst.«

Im Kindergarten wirft ein Kind versehentlich eine Kiste mit Autos vom Schrank, die mit einem lauten Geschepper zu Boden fallen.
Erzieherin erschrocken: »Hilfe, mein Herz!«
Mike (4) voller Mitgefühl: »Ist dein Herz jetzt gebrochen?«

Kimberly (4): »Mama, dein Pullover für die Brust liegt im Bad auf dem Boden.«

Erzieherin: »Lena, wer kommt dich denn heute abholen? Mama oder Papa?«
Lena (3): »Die Mama, der Papa ist nämlich ganz doll krank. Der kann gar nicht Auto fahren.«
Erzieherin: »Oh, was hat er denn?«
Lena: »Schnupfen.«

Elias (4): »Oma, was brennt in meinem Bauch?«
Oma: »Wieso?«
Elias: »Na schau mal, der Rauch, der aus meinem Mund kommt.«
(... beim Ausatmen draußen bei Minusgraden)

Zoé (4) im Kindergarten zur Erzieherin: »Meiner Oma ist auch ein Zahn ausgefallen. Aber es ist wieder einer nachgewachsen – ein goldener!«

Tom (4) auf der Heimfahrt im Dunkeln: »Mama, ich brauch dringend Licht!«
Mama: »Warum?«
Tom: »Damit ich meinen Popel in der Nase finde ...«

Luisa (5) erzählt gerade von ihrem Wackelzahn, als Ruby (4) dazukommt und weint, weil sie sich den Finger geklemmt hat.
Luisa zu Ruby: »Da musst du jetzt aufpassen. Wenn der Finger wackelt, fällt er bald ab!«

Mama steht im Bad, schaut in den Spiegel und sagt: »Oh Mann, bin ich blass.«
Mia (6): »Tja, dann musst du dich halt braun anmalen.«

Lukas (5) wartet mit Mama beim Frauenarzt im Untersuchungszimmer.
Fachmännisch begutachtet er den Untersuchungsstuhl und sagt: »Mama, das weiß ich schon, hier muss man die Füße drauflegen, damit der Arzt die dann untersuchen kann.«

Die Erzieherin fragt Leon (4) in der Kita: »Was machen wir mit den Augen?«
Leon: »SEHEN!«
Erzieherin: »Wozu brauchen wir die Ohren?«
Leon: »HÖREN!«
Erzieherin: »Und wozu brauchen wir die Nase?«
Leon: »ZUM POPELN!«

Fynn (7) sieht ein altes Bild von seiner Oma mit Dauerwelle: »Oma, du hast da ja Popcorn auf dem Kopf!«

Luana (3) geht ins Bad und sagt in energischem Ton zu ihrem entkleideten Vater: »Papa, tu das Ding wieder in deine Hose!«

Fynn (4) sitzt auf den Schoß meiner besten Freundin. Auf einmal starrt er ihr ins Gesicht, sieht die vielen Sommersprossen und sagt: »Iiih, du hast ja ganz viele fiese Pickel!!«

Mama und die Kinder im Schwimmbad auf den Sprudelliegen.
Als der Sprudel angeht, schreit Connor (2) panisch: »Mama, Hilfe, ich koche!«

Joel (3) hat sich den Finger verstaucht.
Mama: »Tut dein Finger noch weh?«
Er beugt den Finger ein paarmal und antwortet:
»Nur wenn er sich bückt!«

Luca (4): »Papa, warum hast du eigentlich so viele Leberwurstflecken?«

Justin (8) ist erkältet.
Mama bringt ihm Tee und sagt: »Das hilft ... und Mamis Liebe.«
Justin: »Oder Fernsehen und Popcorn.«

Mama zu Felix (5) und Alex, (7) die etwas verschnupft sind:
»Ich mache euch jetzt ein schön warmes Erkältungsbad.«
Alex zu Felix: »Na, wirst schon sehen, wenn wir morgen oder
übermorgen erkältet sind.«

> Mama: »Schmier den Popel nicht in die
> Bettdecke. Nein, auch nicht in das Kopfkissen.«
> Tamara (4): »Und in das Kissen?«
> Mama: »Nein, in gar kein Kissen, in keine
> Decke und auch nicht in den Pyjama.«
> Tamara, weinerlich: »Wo soll ich den denn
> dann hintun?«

**Yannick (4): »Pappa(aaaa), kannst du auch noch
wachsen, oder wächst bei dir nur noch der
Bauch?«**

**Leo (4): »Papa, es juckt mir hinten auf'm
Bauch.« (Er meint seinen Rücken.)**

Philipp (3): »Mama, ich hab Bauchschmerzen.«
Mama: »Wo denn?«
Philipp fasst sich mit der flachen Hand an die Stirn
und sagt: »Hier.«

Eine Tante sagt zu Sissi (3): »Du bist ja total erkältet,
mein Kind. Wie kommt das denn?«
Sissi: »Der David hat mich angezündet.«
(Sie meint angesteckt.)

Joel (6), nachdem Mama ihm eine Zecke entfernt hat: »Ich weiß, warum die zu mir kommen! Ich bin voller Blut bis zum Gehirn.«

Die Erzieherin erklärt Ilias (4), dass ihr Papa auf einem Auge blind ist.
Nach kurzem Überlegen fragt Ilias: »Ist dein Papa ein Pirat?«

Saskia (3) mit Mama und Tante beim St.-Martins-Zug. Die Kinder sollen Süßigkeiten von St. Martin persönlich überreicht bekommen.
Tante sagt zu Mama: »Was meinst du, was die Saskia jetzt Augen bekommt, wenn der St. Martin vor ihr steht.«
Saskia prompt: »ICH HAB DOCH SCHON AUGEN!«

Mama sitzt auf der Couch, als Lenn (5) ihr T-Shirt hochschiebt, ihren Bauch ansieht, diesen streichelt und sagt: »Mama, der muss mal gebügelt werden!«

Anna (8) hat ein recht weites, flattriges T-Shirt mit großem Ausschnitt angezogen.
Mama gibt ihr den Tipp: »Anna, magst du nicht ein Top darunter anziehen, damit man nicht alles sieht?«
Anna meint verständnislos: »Mama, du hast vielleicht einen Busen, ich habe Brüste, und darum brauche ich das nicht.«

Sascha (3) sitzt in der prallen Sonne.
Mama: »Geh doch in den Schatten, das ist viel
zu heiß.«
Er: »Geht nicht – ich will der erste schwarze Junge
im Kindergarten sein.«

In Mias (4) Zimmer ist eine Schnake. Mama erschlägt sie.
Sie zeigt Mia, dass sie gestochen wurde, und erklärt, dass
die Schnake ihr Blut gesaugt hat.
Mia fragt total entsetzt: »Hab ich jetzt kein Blut mehr?«

Luca (4) riecht morgens beim Kuscheln an
Mamas langen Haaren und meint: »Mama, was
nimmst du für ein Shampoo?«
Mama: »Eins gegen Schuppen.«
Luca: »Aber du bist doch kein Fisch, du hast
doch gar keine Schuppen!«

Anna-Lena (6) ist bei Oma und Opa zu Besuch: »Oma,
da an meinem Muttermal bin ich ganz kitzelig.«
Sie zieht ihr T-Shirt hoch und zeigt auf ihren
Bauchnabel.

Opa erzählt seinem Enkel Patrick (5), dass er ins
Krankenhaus muss und am Herz operiert wird.
Patrick malt ihm ein schönes Bild als Glücksbringer und
überreicht es mit den Worten: »Schau, Opi, da ist der
Arzt, da der Operierer und das der Raum, in dem du
seziert wirst!«

Mel (3) sitzt auf der Toilette und bemerkt, dass sie gar keinen »Pullermann« hat wie ihr Bruder.
Sie zuckt die Achseln und sagt:»Nis so slimm, tommt noch …«

Deniz (4) wird von seiner Schwester zum Verkleiden genötigt. Auf einmal ruft er ganz aufgeregt:
»Mama, Mama, ich hab einen Helm gefunden!«
Mama geht hin und sieht ihn mit ihrem Riesen-BH aus der Schwangerschaft auf dem Kopf.
Glücklich lächelnd meint er:»Und sogar für zwei Köpfe.«

Mama spielt mit Luisa (2) »Doktor«.
Luisa hält ihr eine Spritze an den Arm und sagt:»Jetzt bekommst du erstmal eine Aprikose, damit du schläfst.«

Max (4):»Mama, wie kannst du pinkeln und hast nicht mal einen Penis?«

Lionel (4) fällt beim Rückwärtsgehen hin.
Mama:»Wie ist das denn passiert?«
Lionel:»Ja, Mama, ich hab doch hinten keinen Kopf!«

Papa liegt mit Erkältung und Schüttelfrost auf dem Sofa. Joel (3):»Na, Papa, ist dein Zitterfrost jetzt weg?«

Die beste Freundin der Mutter hat einen großen blauen Fleck am Oberschenkel. Fynn (8) sieht das und ruft: »Du schimmelst ja!«

Mama kommt pitschnass aus der Dusche.
Liane (2): »Mama regnet.«

Mama steigt aus der Badewanne, um sich abzutrocknen.
Nicole (5) sieht sie an und meint: »Wenn ich mal groß bin, bekomme ich auch Haare am Popo, richtig?!«

Oma fragt ihre Enkel Emma und Lynn (7 und 8), ob es Mama wieder besser geht.
Beide antworten: »Ja, Mama ist wieder gesund – sie kann schon wieder meckern.«

Mama unterhält sich mit der Schwiegermama über Sodbrennen. Lia (6): »Mama, du hattest doch auch schon mal Suppenbrennen.«

Amelie (3) zu ihrem Papa: »Meine Nase ist verstopft. Aber wird bald besser. Mama macht da Haarspray rein.«

Mama hat das Portemonnaie zu Hause vergessen.
Ryan (6): »Ihr Erwachsenen vergesst immer so viel, weil euer Gehirn ja schon sooo alt ist.«

Maximilian (3) entdeckt gerade seinen Körper.
Er kommt ins Bad und sieht seinen Papa unter
der Dusche.
Er sagt nur: »Papa, du hast ja auch einen Penis,
nur deiner hat einen Bart!«

Auf der Heimfahrt vom ersten Tennistraining sagt
Mama: »Alle Tennismütter sind jünger als ich.«
Diana (6): »Macht doch nichts, dafür bist du größer
als die anderen …«

Rania (6) soll Mamas Rücken kraulen. Gesagt, getan.
Auf einmal sagt sie ziemlich lässig: »Mama, wenn dir der
Rücken juckt, dann hast du wohl Läuse!«

Maya (7) und Omi machen einen langen Spaziergang.
Omi: »Maya, bist du auch so kaputt wie ich?«
Maya sieht an sich runter: »Nee, Omi, ich bin noch
ganz.«

**Miguel (10) stöhnt beim Abendessen: »Puh, ist euch
auch so heiß wie mir?«
Bruder Manolo (6): »Woher soll ich das wissen, ich
stecke ja nicht in deinem Körper!«**

Elli (3): »Mama, mein Auge ist weg.«
Mama: »Nein, Schatz, dein Auge ist noch da,
wir sollten nur die Mütze wieder hochziehen.«

Oma und Opa besuchen Enkelin Caprice (5). Es ist ordentlich geheizt, und Opa schwitzt. Als Oma und Opa weg sind, sagt Caprice zu Mama: »Mama, Oma und Opa vertragen das Klima zu Hause bestimmt besser.«

Mama ist beim Zahnarzt und hat Jannis (2) dabei. Jannis sieht die Röntgenbilder und fragt, was das ist. Mama erklärt, dass das spezielle Bilder von ihren Zähnen seien, auf denen man sehen könne, wie die Zähne innen aussehen.
Jannis nach kurzem Betrachten: »Mama, du hast ja Wolken in den Zähnen.« (Wolken = Füllungen)

Papa baut mit Sara (3) einen kleinen Schneemann. Als sie fertig sind, tritt Sara so lange gegen den Schneemann, bis er kaputt ist. Papa: »Oh nein, wie konntest du das tun?«
Sara, fröhlich: »Mit dem Fuß!«

Selina (7) möchte Nasentropfen nehmen.
Sie sagt zu Mama: »Auf der Packung steht: Für Erwachsene und Schulkinder.«
Mama: »Ja und?«
Selina: »Aber ich hab doch Ferien …«

Pia (4): »Mama, ich habe dich gemalt.«
Mama: »Super! Du könntest mir auch noch Füße und Ohren malen.«
Pia: »Ja, und noch ganz viel Bauch!«

Mama sieht Marvin (3) tief in die Augen und sagt: »Marvin, du hast ja meine Augen geerbt.«
Marvin sieht sie an und sagt entschlossen: »Stimmt gar nicht. Du hast deine noch.«

Mila (4) zur korpulenten Erzieherin: »Du solltest ein bisschen weniger essen – von dir ist ja schon viel zu viel Körper vorhanden.«

Celine (9) kommt vom Augenarzt und erzählt: »Papa, ich hab eine Vorhautverkrümmung ...«

Maja (4) streichelt liebevoll die beginnende Glatze ihres Onkels: »Du hast wunderschöne tote Haare!«

David (3): »Mama, ich möchte auch mal so eine große Brust wie du.«
Mama: »Warum?«
David: »Dann dürft ihr später auch aus meiner Brust trinken, aber dann muss ich erst wachsen, und ihr müsst klein werden.«

Papa: »Du bist doch aus Fleisch und Blut.«
Janina (3): »Nein, ich bin doch aus Kind.«

Mama: »Wenn du deine Zähne nicht putzt, bekommst du Löcher in den Zähnen. Und dann muss der Zahnarzt bohren. Mama kann da ein Lied von singen.«
Julian (5): »Kannst du mir das Lied mal vorsingen?«
Papa grinst: »Das Lied würde ich auch gerne hören.«
Julian (5): »Bitte, Mama, sing uns das Lied vor.«

Pauline (4) hat ein Gespräch von Mama und Papa mitbekommen, das sie nicht hören sollte, und spricht sie später darauf an.
Mama: »Du hast deine Ohren aber auch überall.«
Pauline fasst sich an ihre Ohren und sagt: »Nee, nur hier am Kopf …«

Mama weckt morgens ihren Sohn Lukas (8).
Mama: »Guten Morgen, mein Engel.«
Lukas (etwas verschnupft): »Guten Morgen, Mama! Ich bin krank!«
Mama: »Oh, bist du erkältet?«
Lukas: »Nein, ich hab MÜDERITIS!«

Fiona (4) abends nach dem Baden zu Mama: »Mein Popo ist so sauber, dass man sich drin spiegeln kann.«

Maja (2) ist gestürzt und hat eine kleine Macke am Knie. Sie ruft: »Mama, mein Aua läuft über! Ich brauche ein Pflaster!«

Kinderarzt: »Und nun sag schön Aaa!«
Sandra (5): »Ich kann auch das ganze Alphabet!«

Nach einer langen Reise am Flughafen angekommen trägt Papa den beinahe schlafenden Mikka (3).
Mama fragt Papa: »Geht's noch, Schatz?«
Mikka öffnet leicht die Augen und sagt: »Jaaa.«

Papa fordert Mareen (3) auf, im Schwimmbad zu ihm in den blubbernden Whirlpool zu steigen.
Mareen zeigt ihm den Vogel und sagt: »Ich steig doch nicht in kochendes Wasser.«

Fabian (5): »Papa, mein Schniepie tut weh, ich glaub, der wächst.«

Fiona (5) tröstet Opa, der immer weniger Haare hat: »Aber das Gute ist, ohne Haare musst du dir nicht mehr die Haare waschen und auch nicht mehr föhnen.«

Lukas (7) zeigt auf das grüne Schild mit einem Herz drauf, das einen Defibrillator anzeigt: »Wofür ist das?«
Merle (5): »Das ist für gebrochene Herzen …«

Luke (6) zeigt auf ein kleines Fläschchen im Bad: »Mama, was ist das?«
Mama: »Das ist ein Öl fürs Gesicht.«
Luke: »Damit das Gesicht nicht so quietscht?«

Arbeit & Geld

Papa bezahlt im Supermarkt mit einem 100-Euro-Schein.
Liska (4) nachher beim Rausgehen: »Wenn ich groß bin, möchte ich Kassierer werden, da bekommt man voll viel Geld.«

Eine Erzieherin im Kindergarten hat Geburtstag. Ein Kind fragt: »Wie alt wirst du denn?«
Die Erzieherin antwortet: »35.«
Dorian (4) platzt dazwischen: »Kommst du uns mal besuchen?« Erzieherin: »Wie meinst du das?«
Dorian: »Na, du gehst doch jetzt in Rente.«

In der Nachbarschaft lebt ein Bankmanager, der immer von einem Chauffeur mit Limousine abgeholt wird.
Enno (4) irgendwann zu Mama, als der Chauffeur alleine im Auto vorbeifährt, um den Manager abzuholen: »Da fährt wieder der reiche Mann mit seinem teuren Auto.«

Papa ist nicht da.
Mira (2): »Wo ist Papi?«
Mama: »Papi ist im Büro.«
Am nächsten Tag regnet es.
Mira: »Sonne ist im Büro.«

Felix (4) kommt nach seinem ersten Friseurbesuch nach
Hause und sagt zu seinen Geschwistern: »Schaut mal, wie
die mich hingerichtet haben!«

Elena (3) hat etwas kaputt gemacht.
Mama: »Ich finde das nicht schön, wenn du
meine Sachen kaputt machst. Dann muss ich
die neu kaufen, und das kostet ganz viel
Geld, und so viel Geld hab ich nicht.«
Elena: »Dann musst du Papas Geld nehmen.«

Im Konzert fragt Moritz (12): »Warum
brauchen die noch einen Dirigenten? Die
müssen das doch langsam mal können!«

Matthias (4) sieht ein Cabrio mit offenem Verdeck
und meint mitfühlend: »Mama, die Leute müssen
ziemlich arm sein, die können sich nicht mal ein
Auto mit Dach leisten!«

Dominik (6): »Ich werde Müllmann, dann
muss ich nur donnerstags arbeiten.«

Mirko (4): »Mein Opa hat keinen Beruf – der ist einfach nur Opa.«

Lukas (5) unterhält sich mit einer Freundin seiner Eltern über Berufe.
Lukas: »Und was arbeitest du?«
Sie: »Ich bin noch Studentin und gehe zur Universität – das ist so eine Art Schule.«
Lukas mit ernstem Blick: »Dann musst du aber wirklich schön dumm sein, wenn du da immer noch hinmusst.«

Mama und Alina (3) spielen in der Sandkiste Eisdiele.
Alina: »Mami, jetzt bist du mal die Eis-Dealerin!«

Imke (5) (deren Vater Pilot ist): »Wo ist Papa?«
Mama: »Der ist fliegen.«
Imke: »Der soll nicht fliegen, der soll arbeiten …«

Celine (5) morgens am Frühstückstisch: »Mama, wieso muss der Papa und du immer so viel arbeiten, wenn ich in der Kita bin?«
Daraufhin erklärt Mama: »Na ja, wenn wir nicht arbeiten, können wir nix kaufen – kein Essen, keine Geschenke für deinen Geburtstag oder Weihnachten …«
Am nächsten Morgen. Papa ist schon aus dem Haus, und Mama steht hundemüde am Kaffeeautomaten und murmelt vor sich hin: »Mann, bin ich kaputt, kein Bock heute.«
Celine aus dem Hintergrund: »Dann gibt's auch nix zu Weihnachten und zu essen …«

Papa hat bei der Arbeit Stress mit zwei Vorgesetzten (nennen wir sie X und Y). Björn (5), als die Familie in Urlaub fährt: »Damit das klar ist, Papa, ich will von den Herren X und Y im Urlaub nichts hören!«

Florian (6) besucht seine Mutter bei der Arbeit und fragt: »Mama, wie viel musst du eigentlich zahlen, damit du hier arbeiten darfst?«

Sebastian (4) zu Papa: »Wir machen das so: Du leihst mir das Geld einfach aus. Ganz lange. So lange wie Schenken.«

Max (7) massiert Mama den Rücken.
Mama: »Ohhh, das machst du gut. Du könntest mal Masseur werden.«
Max: »Dann schreib ich ein Schild, wo draufsteht: Nur junge Frauen. Aber du darfst auch kommen, Mama.«

Alice (4) zeigt Mama einen selbstgebastelten Weihnachtsstern: »Guck mal, Mama, das habe ich gebastelt!«
Mama: »Oh Schatz, das ist sehr schön.«
Alice: »Magst du das haben?«
Mama: »Ja!«
Alice: »Kostet 3 Euro!«

Joshua (5) zu Erzieherin Jessica: »Warum bist du denn heute nicht mit dem Auto da?«
Jessica: »Das ist leider kaputt und kann nicht mehr fahren.«
Joshua: »Dann kauf dir doch ein neues!?«
Jessica: »Das ist gar nicht so einfach, denn ein Auto kostet viel Geld.«
Joshua: »Tja, Jessica, dann musst du mal arbeiten gehen und nicht immer nur in den Kindergarten!«

Vincent (6): »Du bist ja hier so was wie das Sekretariat, Mama. Bei dir kann man alle Sachen abgeben.«

Shari (8): »Bekommen die alten Leute, wenn sie ihre Zähne neben das Bett legen, auch Geld von der Zahnfee?«

Willy (8) sieht mit Mama Nachrichten, Thema ist die geplante Rentenerhöhung – die höchste seit 23 Jahren. Da schaut Willy Mama an und meint: »Mama, du musst in Rente gehen, dann kriegst du auch endlich mehr Geld.«

Mama zu Jeremy (7): »Was willst du später mal arbeiten?«
Jeremy: »Mutter, Vater, Kind.«

Mama zu Alexa (5): »Was willst du später werden?«
Alexa: »Eine Prinzessin!«
Mama: »Das ist aber kein Beruf!«
Alexa: »Okay. Dann Busfahrer!«

Lotte (4) zu ihrer Erzieherin: »Meine Mama spielt beim Lotto mit, und wenn sie gewinnt, bekommt sie 10 Millionen Euro und ich ein Meerschweinchen.«

Erzieherin zum Spaß: »Bekommen wir Erzieher denn auch etwas ab?«

Lotte: »Mal sehen, wenn nach dem Meerschweinchen noch was übrig bleibt, könnt ihr bestimmt auch was abhaben …«

Fabian (5): »Mama, ich weiß, was ich werden möchte!«

Mama: »Ja? Was denn?«

Fabian ernst: »Ich möchte mal Papa werden!«

Marina (4) zur Erzieherin: »Weißt du, warum Mamas und Papas arbeiten gehen?«

Erzieherin: »Warum denn?«

Marina: »Damit wir Kinder auch mal unsere Ruhe haben.«

Ella (4): »Ich möchte Lehrerin werden!«

Erzieherin: »Da muss man sich aber durchsetzen können!«

Luis (4): »Ja, sitzen kann Ella ja schon gut …«

Mama setzt sich abends auf die Couch und kuschelt sich unter die Decke.

Als Dustin (9) sie komisch ansieht, sagt Mama: »Ich hab mir das auch mal verdient.«

Dustin trocken: »Mach's dir ruhig gemütlich, Mama, du verdienst ja auch für mich das Geld.«

Beim Mittagessen sagt Susi (3) zur Erzieherin: »Mein Papa arbeitet am Flughafen, und wo arbeitest du?«
Erzieherin: »Ich arbeite hier im Kindergarten.«
Susi: »Wann?«
Erzieherin: »Jetzt, in diesem Moment.«
Susi lacht ganz laut: »Ach Quatsch, wir essen doch!«

Marvin (7): »Mama, ich werde mal Nachtwächter.«
Mama erstaunt: »Wieso das denn?«
Marvin: »Da kann ich die ganze Nacht wach
bleiben und muss nichts machen.«

Leon (6) hat sich umgezogen und seine Sachen auf dem Boden liegen lassen.
Mama: »Immer muss ich deine Sachen wegräumen. Dafür werde ich doch gar nicht bezahlt.«
Leon: »Doch. Du kriegst Kindergeld für mich.«

Mama: »Was willst du denn mal werden, wenn du groß bist?«
Mia (7): »Also entweder Tierärztin, Pilotin oder Bundeskanzlerin.«
Mama: »Und wieso möchtest du Bundeskanzlerin werden?«
Mia: »Weil ich immer wieder sehe, dass Häuser gebaut werden und irgendwann fast keine Natur mehr da ist, weil fast alles mit Häusern zugebaut ist. Das mag ich nicht, weil es dann gar keinen Freiraum mehr gibt und es nur noch Häuser und Städte gibt.«
Mama: »Und das willst du als Bundeskanzlerin ändern?«
Mia: »Ja.«

Nach der Faschingsfeier im Kindergarten im Auto.
Mama: »Na, wie war es heute im Kindergarten?«
Lukas (3): »Na, Mama, der Kindergarten ist meine Arbeit.
Ich war heut fleißig – hab gespielt und Party gemacht.«

Morgens nach der Nachtschicht bittet Mama ihren Sohn
Daniel (13), an der Haustür einen Zettel mit der Nachricht
»Nachtdienst – bitte nicht klingeln« anzubringen.
Nach dem Aufstehen findet sie in riesengroßen Buchstaben
folgende Nachricht an der Tür: »Nicht klingeln. Meine
Mutter hatte Nachtschicht. Es ist zu Ihrem eigenen Wohl!«

**Jeff (5) fragt: »Was muss man machen, um
Polizist zu werden?«
Papa: »Also, du musst ganz ehrlich sein, mutig,
sportlich, stark ...«
Jeff unterbricht ihn: »Okay, dann werd ich Pilot.«**

**Naomi (7): »Ich will mal Babysitterin werden.
Wenn die Kinder im Bett sind, kann man da auf der
Couch sitzen, fernsehen, Chips essen und
bekommt dafür auch noch Geld.«**

Ole (5): »Mein Papa spielt immer Computer auf der Arbeit.«

Mama zeigt auf ein blau-silbernes Polizeiauto und sagt:
»Als ich klein war, waren die Polizeiautos noch grün-weiß.«
Lilly (5): »Und wenn ich der Polizeichef wäre, wären sie alle
regenbogen-glitzer.«

Erziehung

Selina (5) nach einem Streit zu Mama: »Ich wünsche mir eine andere Mami.«
Mama: »So, und was für eine?«
Selina: »Eine, die nie schimpft.«
Mama: »Hmmm, und ich wünsche mir ein Kind, das nie zickt.«
Selina nach kurzer Bedenkzeit: »Tja, Mami, da haben wir wohl beide Pech gehabt ...«

Toni (5): »Mama, spielst du mit mir?«
Mama: »Frag doch Papa.«
Toni: »Papa, darf ich mit Mama spielen?«

Mia (5), nachdem sie nicht fernsehen durfte, trotzig zu ihren Eltern: »Wenn ihr alt seid und ich mich um euch kümmern muss, verbiete ich EUCH auch das Fernsehen.«

Joel (6) versucht sich in ein Gespräch zu drängen, das Oma und Mama führen.
Joel: »Seid doch mal ruhig, ich krieg mit euch 'ne Krise!«

Emma (3) sieht ihren neuen Pullover an: »Mama, was ist das?«

Mama: »Ein neuer Pullover für dich.«

Emma: »Wie schön! Hast du dir auch was gekauft?«

Mama: »Nein, leider nicht.«

Emma (nach einer kurzen Pause): »Tja, dann hast du jetzt Pech!«

Elias (3), Oma und Tante unterhalten sich.
Elias ruft laut: »Määädels, Ruhe, jetzt rede ich!«

Fiona (3) und Mama hatten ihren ersten großen Streit.

Nachdem sie sich wieder vertragen haben, setzt Fiona sich bei Mama auf den Schoß und sagt mit nachsichtigem Blick und kopfschüttelnd: »Mama, manchmal bist du ein echter Notfall!«

Der Patenonkel holt sein Patenkind Paula (4) mit dem Auto vom Kindergarten ab.
Paula tritt gegen den Hinterreifen: »Du, Onkel, es ist Winter! Wenn das keine Winterreifen sind, fahr ich nicht mit!«

Beim Zubereiten des Abendessens: »Phillip, magst du mir vielleicht helfen, den Kürbis aufs Blech zu legen?«

Phillip (3), vorwurfsvoll: »Mamaaa. Ich spiel doch grad mit dem Feuerwehrauto. Ich kann nicht alles gleichzeitig machen. Ich hab doch auch nur zwei Hände!«

Yann (15): »Ich möchte jeden Tag so leben, als wäre es mein letzter. Daher habe ich auch nie ein aufgeräumtes Zimmer – wer will schon am letzten Tag seines Lebens aufräumen?«

Ian (3) hat seine Nachtisch-Schokolade gegessen und geht dann wieder ans Süßigkeitenfach.
Mama: »Ich hab doch gesagt: nur eine Schokolade.«
Darauf Ian: »Aber Mama, keine Schokolade ... einen Keks!«

Mama ist hin und her gerissen zwischen zwei kranken Kindern, sagt: »Moment, ich kann mich ja nicht dreiteilen!«
Suri (5): »Du musst dich eh nur zweiteilen!«

Eines verregneten Wochenendes:
Papa: »Micha, wollen wir was im TV schauen?«
Micha (4), begeistert: »Au ja!«
Dann, leicht ernüchtert: »Aber wir müssen erst die Mama fragen, ob wir dürfen.«

Papa abends zu Maxim (5): »Jetzt ist aber wirklich Schlafenszeit, es ist schon spät.«
Maxim grinst.
Darauf Papa: »Das finde ich überhaupt nicht lustig.«
Darauf Maxim: »Papa, ich doch auch gar nicht, das ist mein Mund, der lacht, ich kann da nix dafür ...«

Mina (5): »Mama, wenn ich jetzt kein KiKa schauen darf, isst du morgen kein Eis.«

Rachel (4): »Mama, ich komme heute Nacht zu euch ins Schlafzimmer, meine Stofftiere müssen ja auch mal lernen alleine zu schlafen.«

Ian (4) kommt zu Mama an den PC, die nach der Arbeit mit ihm rauswill.
Mama: »Wie sieht dein Zimmer aus?«
Ian geht nachsehen, kommt wieder und sagt ganz trocken: »Sieht aus wie SAU.«

Lars (2) will beim Frühstück nicht hören, daraufhin sagt Mama: »Wenn du nicht hörst, können wir leider auch keine Straßenbahn mehr fahren.«
Da er nicht hört, fällt das Straßenbahnfahren tatsächlich aus.
Einige Tage später sagt Papa zu Mama: »Du sollst nicht schwer heben! Nie hörst du auf mich!«
Mama: »Du doch auch nie auf mich!«
Daraufhin Lars: »Jetzt können wir alle keine Straßenbahn mehr fahren!«

Arthur (2), der noch nicht ganz »sauber« ist und noch Windeln trägt, spielt mit seinen Puppen: »Hadu scho wieder in die Windel gemacht – darf niet wahr sein ...«

Mama steht im Bad und glättet ihre Haare mit einem Glätteisen.
Lydia (6) kommt ins Bad und sagt mit genervter Stimme und hochgezogenen Augenbrauen: »Mama, bügelst du schooon wieder deine Haare?«

Oma möchte ihre Frida (4) zu einem Spaziergang überreden und sagt: »Komm doch mit, ich kaufe dir dann auch eine Kleinigkeit.«
Sie überlegt kurz und flüstert: »Lieber eine Mittel- bis Großigkeit.«

Mama läuft gegen die Kommode und ruft laut: »Aua.«
Mischa (2) fragt mitleidig: »Mama, hast du Aua gemacht?«
Mama: »Ja.«
Mischa: »Oh – selber schuld.«

Mutter schimpft mit Manou (4), die mal wieder nicht folgsam ist.
Manou etwas später: »Weißt du, Mama, eigentlich bist du schuld, weil, du hast ja so ein Kind auf die Welt gebracht!«
Mama, völlig baff: »Manou, wie meinst du das?«
Manou: »Ja, DU hast mich geboren, ein Kind, das halt nicht folgt!«

Der Router fürs Internet ist ausgefallen.

Papa möchte seine Tochter etwas ärgern und sagt beiläufig: »Ach ja, stimmt ja, das Internet ist wegen Wartung eine Woche zu.«

Julia (14), heulend und zeternd: »Das können die doch nicht machen, wie soll ich jetzt eine Woche leben …?

Mama: »Leni, geh vor der Schule noch zur Toilette.«

Leni (7): »Aber ich muss nicht!«

Mama: »Morgens geht man auf Toilette, das ist sonst nicht gesund!«

Leni: »Sport wäre auch gesund, trotzdem machst du's nicht!«

Jimmy (3) kommt wütend aus seinem Zimmer gestampft: »Meine Stofftiere haben mal wieder ein Riesenchaos im Zimmer gemacht, und eins sag ich dir jetzt gleich – ICH räum das nicht wieder auf FÜR DIE!«

An Leas 14. Geburtstag, während des Frühstücks, bittet ihr Vater auf Polnisch um etwas.

Er tut das äußerst selten. Daraufhin meint Lea nur ganz trocken: »Ja, das habe ich schon irgendwo gelesen, dass man mit 14 seine Eltern nicht mehr versteht. Aber dass es so schnell geht, hätte ich nicht gedacht.«

Max (3) spielt Putzen, er nimmt sich den Wisch-mopp und beginnt, in der Stube hin- und herzu-wischen. Dabei sagt er: »Meine Güte, wie sieht's denn hier schon wieder aus? Ich bin doch hier gerade erst fertig geworden. Nee, nee, das kann nicht wahr sein!«

Justin (4): »Mama, wenn du mich zwingst, Brokkoli zu essen, dann kommt die POLIZEI, und dann kannst DU mal sehen, wie DU dran bist ...!!!«

Julian (6) zeigt im Spielzeuggeschäft auf ein Spielzeug-Lichtschwert: »Papa, kriege ich das?«
Papa: »Nein.«
Julian: »Papa, ich zahle auch die Hälfte von meinem Geld!«
Papa: »Nein, ich bezahle dafür nicht die andere Hälfte!«
Julian (drohend und mit triumphierendem Unterton): »Papa, ich kann das auch hier im Laden kaputt-lachen. Dann MUSST du es zahlen!«

Nicole und ihre Freundin Pamela (beide 3) kommen total verdreckt und schlammig nach Hause. Mama hilft beim Ausziehen und Säubern und seufzt dabei hörbar.
Nicole zu Mama: »Tja, so ist das mit den kleinen Kindern ...«

Matilda (5) liegt in der Hängematte im Garten, während die Mutter mit einer Freundin Kaffee trinkt.
Mama: »Matilda, kannst bitte in die Küche gehen und Milch holen?«
Matilda: »Du hast doch selber Beine.«
Mama: »Aber deine sind doch viel jünger.«
Matilda, ohne zu zögern: »Ja, und ich brauch sie auch noch länger als du.«

Mama sagt zu Thea (8): »Ich kaufe dir erst ein neues Buch, wenn du das andere fertig gelesen hast.«
Thea: »Du hast aber auch mehr als nur eine Wimperntusche!«

Beim Nachmittagskaffee sind auf dem Esstisch noch zwei Kuchenstücke übrig – das eine deutlich größer als das andere.
Nils (4) versucht, die Dinge in seinem Sinne zu beeinflussen: »Papa, wenn du das kleinere nimmst, bist du viel schneller fertig!«

Felix (3) ist hundemüde.
Papa: »Du reibst dir ja schon die Augen vor Müdigkeit.«
Felix: »Nein, ich mach mir nur die Augen sauber.«

Nele (5) sucht abends etwas im Spielzeugchaos ihres Zimmers und flucht.
Mama schaut hinein und ist erstaunt, dass das Zimmer dunkel ist: »Warum machst du das Licht nicht an?«
Nele: »Was soll das bringen, ich finde es ja eh nicht.«

Luisa (7) und ihre Schwester Sanne (9) hüpfen auf dem Elternbett herum.
Papa geht ins Schlafzimmer: »Lasst das Hüpfen bitte bleiben, das ist kein Trampolin.«
Sanne antwortet: »Wir sagen ja auch nicht, dass das ein Trampolin ist, wir hüpfen nur.«

In einem Bekleidungsgeschäft läuft Mama zielgerichtet zu den reduzierten Handtaschen.
Jeremy (6): »Mama, wir wollten MIR eine Krawatte kaufen und nicht DIR eine Handtasche! Du hast schon DREI Handtaschen! Jetzt ist aber mal Schluss mit Handtaschen!«

Mama hört Charlotte (4) nach dem Zubettgehen weinen.
Im Kinderzimmer fragt Mama: »Warum heulst du? Du sollst doch mit normaler Stimme rufen, wenn du etwas willst.«
Charlotte: »Wenn ich heul, kommst du schneller!«

Arthur (6): »Warum sagt Mama eigentlich, ›bitte‹ sei das Zauberwort? In keinem Märchen sagt der Zauberer ›bitte‹.«

Finn (4): »Mama, darf ich Fernsehen gucken?«
Papa: »Nein, du hast heute Morgen schon geguckt.«
Finn: »Papa, Ruhe jetzt! Ich red grade mit der Mama …«

Mia (4), nachdem sie die ganze Klebertube auf dem Tisch ausgedrückt hat: »Ich kann nichts dafür, ich habe so viele Muskeln …«

Im Supermarkt an der Fleischtheke.
Oskar (3) bekommt eine Scheibe Fleischwurst geschenkt und beißt so richtig genüsslich hinein.
Mama: »Na, was sagt man denn?«
Oskar mit strahlendem Gesicht: »LECKER!«

Mia (4) vorm Ins-Bett-Gehen:
»Papa, sagst du mir morgen, wie Bayern München heute Abend gespielt hat?«
Papa: »Ja klar, mach ich.«
Mia: »Dafür musst du mir aber jetzt noch vorlesen.«

Samuel (7): »Immer soll ich aufräumen und im Haushalt helfen. Dabei ist Kinderarbeit doch verboten!«

Max (5) auf die Frage, warum er denn immer noch nicht seine im Zimmer verstreuten Spielsachen aufgeräumt habe, mit Unschuldsmiene: »Aber Mama, ich hab doch sooo kleine Hände!«

Papa macht mit Mia (4) den Selbstdisziplintest: Sie bekommt ein Überraschungsei, und wenn sie es fünf Minuten nicht berührt, erhält sie ein zweites. Nach einer Millisekunde beißt sie ins Ü-Ei.
Papa: »Warum hast du denn reingebissen? Du hättest doch sonst ein zweites bekommen.«
Mia: »Mama hätte mir eh nicht erlaubt, ein zweites zu essen …«

Anthony (4): »Mama, kommt der Osterhase morgen zu mir?«
Mama: »Ja, bestimmt!«
Anthony: »Obwohl ich geschwindelt habe?«
Mama: »Na vielleicht, wenn du in Zukunft nicht mehr schwindelst?«
Anthony: »Oh!«
Lange Denkpause, dann: »Ich versprech's erst mal nur für morgen. Kinder können zu große Versprechen noch gar nicht halten!«

Dave (5) zeigt Mama draußen, wie er über Pfützen springen kann.
Mama: »Aber pass auf, dass du nicht in der Pfütze landest, du hast keine Gummistiefel an.«
Dave: »Och Mama, das ist dann Schicksal!«

Chiara (4) möchte gerne eine komplizierte Flechtfrisur.
Als Mama an dem Geflecht scheitert, sagt sie:»Mama, ich
versteh wirklich nicht, wie man sich eine Tochter anschafft,
wenn man noch nicht mal 'nen blöden Zopf flechten kann!«

Constanze (4) fängt abends an zu weinen.
Mama:»Du bist ja hundemüde, komm, ab ins Bett.«
Constanze brüllt:»Neiiiiiiiin, bin ich nicht!«
Mama:»Aber na klar bist du müde.«
Constanze schluchzt:»Ja, bin ich, aber ich bin kein Hund!«

**Mama und Arianna (5) kommen an der Eisdiele vorbei. Es
herrschen Temperaturen um die null Grad.
Arianna (5):»Mama, ich möchte ein Eis.«
Mama:»Nein.«
Arianna mit Nachdruck und erhobenem Zeigefinger:»Ich
möchte das jetzt nicht tausendmal sagen. Ich möchte ein
Eis!«**

**Oma:»Na, hier sieht es aber schlimm aus, in
deinem Zimmer.«
Noah (4):»Ja, ich weiß, Mama hat noch nicht
aufgeräumt!«**

Leandro (6) trödelt morgens beim Anziehen. Nachdem
Mama ihn schon mehrfach aufgefordert hat, sich zu beeilen,
sagt sie genervt:»Leo, mach jetzt mal bisschen hinne.«
Leandro:»Jetzt siehst einmal, wie es MIR geht, wenn ich mit
DIR einkaufen gehen muss!«

Liska (6): »Papa?«
Papa: »Ja.«
Liska: »Du weißt, dass ich dich sehr lieb habe, oder?«
Papa: »Ja.«
Liska: »Okay, aber wenn du noch einmal singst, dann nicht mehr!«

Levy (8): »Mama, redest du mir später auch ständig in die Erziehung meiner Kinder rein wie Oma?«

Mama zu Klara (5) und Sophie (6): »Kinder, während ich koche, könnt ihr euch vor den Fernseher setzen.«
Klara: »Dürfen wir auch anmachen?«

Stella (6): »Mama, wieso kann's bei uns nicht immer so schön aussehen wie heute, wenn Besuch kommt?«

Gwen (4): »Mama, du musst KiKa anschalten, sonst bin ich nicht mehr deine Zuckermaus!«
Und weiter mit drohendem Blick und geballten Fäusten: »Dann lade ich dich NICHT zu meinem nächsten Geburtstag ein!«

Ronja (5) verliert bei UNO ein Spiel nach dem anderen, dann droht sie: »Papa! Wenn ich noch ein Spiel verliere, dann hole ich Memory!«

Dad: »Marc, möchtest du heute mal das Frühstück machen?«
Marc (10): »Nein danke, Dad. Ist aber nett, dass du fragst!«

Denise (5): »Mama, du musst auf die Sachen bestehen, die du gesagt hast. Sonst ist das keine Erziehung.«

Mama: »Hast du gerade deine Hände an der frischen Bettwäsche abgewischt?«
Jamila (5): »Aber Mama, die war eh nicht mehr sauber, ich hab das vorher schon ganz oft gemacht.«

Mama singt lauthals im Auto die Lieder aus dem Radio mit. Hannah (5) ruft von hinten: »Mama, hör bitte auf mit Singen, da krieg ich Alpträume!«

Caro (7) ruft aus ihrem Zimmer: »Mama, mach den Fernseher leiser. Ich kann so nicht schlafen. Und für dich wird's auch Zeit fürs Bett.«

Emma (3) ruft Mama in der Nacht, weil sie Durst hat.
Emma wenig später: »Mammaaa!«
Mama: »Was ist denn los?«
Emma: »Ich danke dir, dass du mich in dein Bett bringst.«

Ronja (8) richtet das Abendessen her, legt Mama eine Scheibe Brot auf den Teller und sagt: »Bitte schön, gnädige Frau!« Mama bedankt sich für so viel Höflichkeit. Im Anschluss meint Bruder Niko (6): »Gell, Mami, gnädige Frau sagt man zu Damen, die nicht mehr ganz jung sind!«

Mama: »Hast du dein Zimmer aufgeräumt?«
Nina (4) schüttelt bierernst den Kopf: »Nein, aber ich hab die Tür zu. Und Licht hab ich auch ausgemacht.«

Nicolettes (2) Eltern bringen ihr bei, »Bitte« und »Danke« zu sagen, indem sie sich auch bei Nicolette stets bedanken, manchmal mit Zusatzkosenamen. Heute sind sie zusammen in der Apotheke, um Hustensaft zu kaufen. Natürlich bekommt Nicolette vom Apotheker auch einen Traubenzucker.
Ihr Kommentar dazu freudestrahlend: »Danke, mein Hase.«

Felix (12), auf dem Weg vom Bad ins Bett (beides im ersten Stock): »Ooooh, da steht ja noch ein Kuchenteller bei mir im Zimmer …«
Er nimmt ihn, kommt aus dem Zimmer, Mama freut sich schon über ihr ordentliches Kind – doch er stellt den Teller auf die Kommode im Flur.
Mama: »Ähm … und nun?«
Felix: »Irgendeiner wird schon runtergehen … Du gehst doch zum Beispiel gleich runter!«
Mama: »Das heißt gar nix, ich bin doch nicht der Räumdienst!«
Er geht grinsend ins Schlafzimmer und sagt: »Ich bin sicher, in einer Woche steht der nicht mehr da.«

Während der Autofahrt lehnt sich Matteo (3) unter dem Autogurt durch aus seinem Sitz raus.
Mama schimpft: »Das ist gefährlich, setz dich sofort wieder richtig hin, das will ich nicht nochmal sehen!!«
Er ganz trocken: »Dann guck doch beim nächsten Mal einfach nicht hin ...«

Papa, Mama und Leonie (4) sind zur Besuch bei Oma.
Oma sagt zu Leonie: »Wann willst du wieder bei mir schlafen?«
Leonie: »Weiß ich noch nicht, ich denke, in einer Woche.«
Papa sagt aus Spaß: »Nöö, du darfst nicht da schlafen.«
Leonie: »Papa, die Mama ist der Chef!«

Heike (4) bekommt den Reißverschluss ihrer Jacke nicht zu. Mama will es probieren, schafft es aber auch nicht auf Anhieb.
Heike: »Hahaha, jetzt bist du selber in Schwierigkeiten gekommen!«

Luke (5) ist traurig, dass er ein sehr teures Spielzeug nicht bekommt. Mama erklärt ihm, dass auch Erwachsene nicht immer alles bekommen und dass das auch gut so ist.
Luke: »Für die Erwachsenen ist das auch gut, aber nicht für die Kinder.«

Vater: »Wiederhol bitte, was ich dir gesagt habe.«
Elias (3): »Was ich dir gesagt habe.«

Emma (3) darf heute im Elternbett schlafen, unter der Bedingung, dass sie ihren Schnuller nicht mitnimmt. Im großen Bett will sie selbigen aber plötzlich doch.
Mama: »Emma, du hast es doch versprochen.«
Darauf sie genervt: »Oh Mann, ich geh in mein Bett, da hab ich Ruhe.«

Ava (3) hört Kinderlieder, Mama singt mit.
Emma, vorwurfsvoll: »Du darfst da nicht mitsingen. Das sind *Kinder*lieder und nicht *Mutter*lieder.«

Natalie (7) beschwert sich bei Papa: »Immer, wenn ich Mama sage, dass mir langweilig ist, sagt sie, ich soll mein Zimmer aufräumen ...«

Mama, ironisch zu Danny (6): »Du hast ja mal wieder 'ne Suuuuperlaune heute Morgen!«
Danny: »Tja, man kann halt nicht immer gute Laune haben, aber das kennst du ja!«

Jakob (6) liest ein Buch, während er mit Mama im Auto fährt. Nach einer Weile: »So, jetzt muss ich aber aufhören, mir ist schon ein bisschen schlecht vom Lesen.«
Mama: »Du bist wie ich! Ich kann auch nicht beim Autofahren lesen!«
Jakob, erschrocken: »MAMA, du fährst doch das Auto! Du solltest auch überhaupt nicht während der Fahrt lesen!«

Luke (2) darf Mittagsschlaf in Papas Bett machen.
Mit dabei das neue Kuscheltier Elmo, der Elch.
Mama muss zwischendurch nochmal
reinkommen: »Wenn jetzt hier nicht Ruhe ist,
muss ich dich rüberbringen in dein Bett.«
Luke: »Ruhe, Elmo!«

Papa: »Als ich dich eben aus dem Kindergarten geholt habe,
hattest du gute Laune, was ist passiert, Zuki?«
Zuki (5): »Tja, Papa. Menschen verändern sich!«

> Mama: »Kannst du mir beim Aufräumen
> helfen?«
> Jessica (5): »Leider nicht, ich muss dringend
> noch fertig spielen.«

Mama zieht das Bett von Ben (3) ab.
Ben ganz freudig: »Muss ich jetzt nie wieder
schlafen gehen?«

Joel (7) war unkonzentriert beim Hausaufgabenmachen,
Mama muss öfter etwas wegradieren.
Joel: »Boah, Mama, du liebst radieren, ne?!«

Mama ruft zu Max (6) auf die Straße: »Ich hab doch gesagt,
keine Rennen mit den Rollerblades auf der Straße.«
Max: »Wir testen nur, wer schneller ist.«
Mama: »Und wie nennt man so etwas?«
Max: »Test!«

Mia (7): »Papa, ich lass dich nur Mittagsschlaf machen, wenn ich fernsehen darf. Sonst wecke ich dich alle fünf Minuten ...!«

Carol (5): »Mama, ich will ja aufräumen. Aber dann sagt mir mein Gefühl: Du sollst jetzt spielen.«

Papa spielt wild mit den zwei kleineren von drei Kindern. Meint Sophie (9) zu ihrer Mutter: »Eigentlich bist du eine alleinerziehende Mutter von vier Kindern.«

Papa: »Wenn du nicht lieb bist, dann fällt Fernsehen heute ins Wasser!«
Kurt (5): »Mir doch egal! Filme können ja nicht nass werden!«

Aarons (2) Oma erklärt ihm, dass seine Mutti ihr Kind ist.
Aaron sagt: »Das geht ja gar nicht, die ist doch schon groß!«
Darauf die Oma: »Aber wenn du so groß bist wie der Onkel, dann bist du ja auch schon groß, und es ist trotzdem noch deine Mutti.«
Aaron überlegt eine längere Zeit, dann meint er: »Oma, wenn die Mutti dein Kind ist, kannst du doch auch mit ihr schimpfen, wenn sie mit mir schimpft!«

Mia (7) steht mit Papa vor dem Bahnübergang, und Papa stöhnt, da die Schranke nach dem ersten Zug nicht aufgeht und noch ein weiterer Zug kommt. Mia: »Ich weiß, wofür das ist. Damit die Menschen lernen, geduldig zu sein.«

Fabienne (5) ist fertig mit Essen und will spielen gehen.
Mama: »Ja, ist in Ordnung, Schatz. Aber bring bitte noch
dein schmutziges Geschirr in die Küche.«
Fabienne nimmt mürrisch ihren Teller, geht Richtung Küche
und brummelt leise: »Wie Aschenputtel ...«

**Mama zu Leon (6): »Warum hast du keine Hausschuhe
an?«**
**Leon: »Weil ich eh so schnell laufe, dass ich den Boden
nicht berühre.«**

Beim Abliefern im Kindergarten:
Mama: »Sei schön lieb zu den anderen Kindern.«
Liam (4): »Sei schön lieb zu den anderen Mamas.«

Mama: »Was machst du denn da?«
Oli (3): »Dreck, siehst du doch!«

Gary (6): »Mama, bist du eigentlich mein Diener?«
Mama empört: »Nein! Wie kommst du denn darauf?«
Gary: »Hm, stimmt. Wenn du mein Diener wärst, würdest
du wohl schneller rennen!«

Zoey (5): »Darf ich noch was Süßes, Mama?«
Mama: »Nein, es reicht für heute! Du kannst ja noch
einen Apfel essen?!«
Zoey: »Ich darf nie was! Nur lang aufbleiben und
fernsehen, Tablet spielen, mit Lego spielen.«

**Emma (4) klemmt sich den Finger an einer Playmobilfigur.
Sie sagt vorwurfsvoll zu Mama und Papa: »Ihr müsst besser auf mich aufpassen!«**

Mama: »Marvin, du sollst nicht immer das letzte Wort haben.«
Marvin (6): »Aber Mama, woher soll ich wissen, ob du noch was sagen willst oder nicht?«

**Vater schimpft mit Theo (6): »Welchen Teil von ›Es wird nicht Fußball auf der Straße gespielt‹ hast du nicht verstanden?«
Theo: »Das ›nicht‹!«**

Mama: »Marie, willst du nicht ein eigenes Zimmer haben?«
Marie (3): »Ja, aber nur wenn ihr auch da schlaft.«

Emil (5) nach dem Toilettengang: »Warum muss ich mir die Hände waschen? Es war doch das Klopapier dazwischen!«

Papa zu Luisa (4), die nicht aufmerksam war: »Hier spielt die Musik.«
Luisa: »Aha, welche denn?«

Mama sagt zur Freundin: »Könntest du Jacky bitte eben zum Essen rufen?«
Freundin aus dem Fenster: »Jacky, du möchtest bitte reinkommen!«
Jacky (4): »Woher will Mama denn wissen, dass ich reinkommen will?«

Emeli (3): »Mama, ich hab gekleckert!«
Mama: »Und nun?«
Emeli: »Ja, latsch nicht rein!«

Mama: »Ida, räumst du bitte deine Kinderküche auf? Hier sieht es aus, als hätte eine Bombe eingeschlagen«
Ida (3): »Schau dir deine Küche an ...«

Miri (4) zu ihrer kleinen Schwester Mel (1), die während des Mittagessens eine riesige Sauerei mit ihrem Brei veranstaltet, in strengem Ton: »Och neee, sieh dir diese Schweinerei an. Und wer darf das alles wieder wegputzen?«

Paula (3) nach dem Baden: »Mama, wir schneiden die Fußnägel lieber nicht, das wird wieder zu viel für dich.«

Papa zu Mia (7): »Eis? Hast du dir das auch verdient?«
Mia: »Ich muss nicht lieb sein, ich hab selber Geld.«

Mama sagt zu Florian (2): »Mach doch nicht mehr in die Windel, das stinkt doch.«
Florian: »Ja, aber auf der Toilette stinkt es doch auch.«

Lautstarker Streit im Kinderzimmer, Papa kommt ins Zimmer gestürzt: »Was ist denn los?«
Mia (8) mit Grinsen auf dem Gesicht: »Wir spielen nur, dass die Puppen sich streiten ...«

Die Kinder machen Krach und Unordnung im Haus, Mama genervt: »Ich weiß echt nicht mehr, wo hinten und vorne ist.«
Daniela (3) gibt ihr den Rat: »Mama, da, wo du warst, ist hinten, und da, wo du hinläufst, ist vorne.«

Charlotte (5): »Du bist die beste Mama auf der ganzen Welt, weil du immer alles machst, was ich sage.«

Luis (2) bekommt beim Bäcker einen Keks geschenkt, stellt sich vor die Theke, hält den Keks Richtung Verkäuferin hoch und fragt: »Und wie sagt man da?«

Anton (3) möchte vom Opa die Treppe in den vierten Stock hochgetragen werden.
Opa: »Wenn du mir einen richtig guten Grund nennst, trag ich dich hoch.«
Anton: »Das ist für mich einfach viel bequemer.«

Familienbande

Auf dem Weg zu Oma und Opa streiten sich Moritz'
(5) Schwestern (9 und 11) unentwegt im Auto.
Endlich angekommen steigt Moritz zuerst aus,
geht zu Opa, macht eine theatralische Geste in
Richtung seiner Schwestern und meint: »Siehst du,
womit ich mich hier rumschlagen muss!«

Lea (12) lässt sich nach dem Abendessen total
satt in die Couch fallen: »Boah, bin ich satt. Ich
platz gleich!«
Darauf ihr Bruder Johannes (6) staubtrocken:
»Das würde ich gerne sehen!«

Thore (6): »Bei uns heiraten sie immer in der
Familie, meine Tante meinen Onkel, meine
Oma meinen Opa ...«

Karim (5) sieht eine Werbung für Make-up mit
Supermodel Heidi Klum, rümpft die Nase und meint:
»Was ist DAS denn für eine? Mama, die sieht nicht so
schön aus wie du!«

Die Erzieherin im Kindergarten fragt Till (5), der am Wochenende seine Oma besucht hat: »Wo genau wohnt denn deine Oma?«
Till: »Hm, also, man fährt auf die Autobahn und dann so lange, bis mir schlecht wird. Dann ist man da.«

René (12) sitzt mit Mama in der Notaufnahme, dichtgedrängt neben vielen anderen Menschen. Im Fernsehen läuft »Germany's next Topmodel«.
Mama: »Ich hasse diese Sendung!«
Daraufhin René: »Ich weiß, warum du es hasst.«
Mama: »Warum?«
René: »Weil du kein Model bist …«

Mama kommt müde und hungrig von der Arbeit nach Hause und tut dies entsprechend kund.
Da meint Frida (4): »Mensch, Mama, du bist wie der Willi in Biene Maja. Der hat auch IMMER Hunger und ist IMMER müde.«

Lamin (6) steht im Badezimmer zusammen mit Mama vor dem Spiegel, schleckt ihr mit der Zunge über die Wange und sagt: »Mama, du bist total geschmacklos.«

An Fasching fragt der Erzieher Charlie (4): »Als was gehst du?«
Charlie: »Na, als Wickie. Und der Papa geht als die starken Männer.«

Alexa (4) nimmt morgens beim Anziehen ihre Mama in den Arm und sagt: »Mama, du bist die beste Mama der Welt und soooo schööön ...« ... kurze Pause ... »... wie ich.«

Janis (6): »Die Omi hat mir heute erzählt, dass sie schon seit 33 Jahren den Führerschein hat!«
Kurze Pause.
»Aber Auto fahren kann sie trotzdem immer noch net!«

Mama hat mit Papa Ausgehabend – selten genug bei drei Kindern.
Als sie fertig aus dem Schlafzimmer kommt, recht aufgebrezelt und mit bunter Kette behängt (sie trägt sonst fast nur Jeans und T-Shirt) schaut Tochter Nora (3) sie nachdenklich an und fragt: »Warum hast du dich verkleidet, Mama?«

Daniel (4) beißt seinen Bruder.
Mama: »Du sollst deinen Bruder nicht beißen!«
Daniel: »Ich hab ihn nicht gebissen. Er hat seinen Arm in meinen Mund gesteckt, und irgendwann MUSS ich ihn ja wieder zumachen.«

Mia (5) zu Papa: »Das nächste Mal, wenn ich bei dir im Bett schlafe, brauche ich kein Kuscheltier – ich hab ja dich zum Kuscheln.«

Yanniks (4) Eltern unterhalten sich darüber, dass aufgrund des neuen Nachwuchses (Yanniks Brüderchen) der Platz in der Wohnung nicht mehr ausreicht und sie in eine größere Wohnung umziehen wollen.

Yannik wirft in die Unterhaltung ein: »Ich glaube nicht, dass das was bringt – er wird uns immer nachlaufen ...«

> Nike (6): »Nur die allerbesten Eltern bekommen behinderte Kinder, weil die besonders viel Hilfe benötigen.«

Papa spielt mit Marvin (5) Mikado.
Dabei versucht Marvin ihn übers Ohr zu hauen, und Papa fragt: »Sag mal, denkst du, ich bin blöd?!«
Marvin antwortet (unvermeidlich): »Ja!!!«

> Kai (9) zu seiner Mutter:
> »Mama, Mama, komm schnell, da singt jemand noch schlechter als du ...«
> (Es läuft gerade »Das Supertalent« im Fernsehen ...)

**Elsa (6) zeigt ihrem Cousin Justus (5) den Hobbykeller. Er bleibt bei dem Heimtrainer stehen und sieht ihn sich an.
Elsa: »Damit spielt mein Papa immer Fahrrad fahren!«**

Marco (3) wird am Mittag nicht pünktlich vom Kindergarten abgeholt.
Er meint zur Erzieherin: »Bestimmt muss die Mama noch meine kleine Schwester einschläfern!«

Jeremy (4): »Mama, du kannst froh sein, dass es dich gibt!«
Mama: »Ja, das stimmt schon, aber DU kannst erst recht froh sein, dass es mich gibt, ansonsten würde es DICH ja auch nicht geben!«
Jeremy mit Unverständnis im Blick: »Nein, wieso denn?«
Mama: »Na ja, du kommst aus meinem Bauch, und wenn es mich nicht geben würde, dann hättest du nicht in mir heranwachsen können.«
Jeremy ganz cool: »Weißt du, Mama, dann hätte ich mir einfach eine andere Frau gesucht!«

Nach einem Streit mit seinen beiden Geschwistern fragt Karim (4) mitfühlend seine Mutter: »Mama, hast du eigentlich gelernt, eine Mama zu sein, dass du das alles aushalten kannst?«

Mama bemerkt morgens nach dem Aufstehen, dass Papa bereits früher als sonst bei der Arbeit ist. Beim Frühstück ruft sie ihren Mann an und fragt ihn, ob er heute aus dem Bett gefallen sei. Nach dem Telefonat sieht Tom (2) Mama besorgt an und fragt: »Hat Papa sich arg wehgetan?«

Caro (5) bei ihren Großeltern am
Frühstückstisch: »Oma, warum habt ihr keine
Kinder?«

Melanie (1) sitzt im Laufstall und versucht ihre
ersten Worte: »Ma-ma-da-da-aba-aba« sowie
andere unverständliche Babyworte.
Ihre große Schwester Miriam (6) hört sich das
eine Weile an und meint dann zweifelnd:
»Mama, hoffentlich ist die deutsch!«

**Mama zu Sophia (2): »Wie heißt denn die Mama
mit Vornamen?
Schweigen.
Mama: »Was sagt denn der Papa immer zur
Mama?«
Sophia: »Schatz!«**

Papa fragt Linus (4), ob er Lust hätte, einen
Drachen steigen zu lassen.
Darauf schaut Linus ihn an und meint: »Opa
sagt zur Uroma auch immer, dass sie ein
Drachen ist. Können wir die dann steigen
lassen?«

Karla (4) war über Nacht bei ihrer Tante, morgens beim
gemeinsamen Umziehen sagt sie entsetzt: »Tante Inga, dein
Popo passt ja gar nicht in die Unterhose!!!«
(Tante Inga hat einen Stringtanga an ...)

Mama, die sich nur selten und wenig schminkt, will seit Langem mal wieder abends weggehen. Max (6) beobachtet, wie sie vorm Spiegel Mascara und Lippenstift aufträgt.
»Mama, warum willst du denn, dass dich keiner erkennt?«

Tamara (7) zu ihrem kleinen Bruder Elias (5), nachdem er bei einem Streit geweint hat: »Du hast geheult wie ein kleines Baby!«
Elias: »Gaaaar nicht! Ich hab geheult wie ein Jedi-Ritter!«

Mama schleppt Wasserkisten vom Auto in den Keller.
Tina (5): »Mama, du bist fast so muskelig wie ein Gorilla.«

Papa: »Bruno, möchtest du einen Bruder haben?«
Bruno (4): »Ja, aber er soll älter sein als ich ...«

Gespräch zwischen Sven und Micha (beide 6) auf der Autorückbank.
Sven: »Wir hatten fünf kleine Katzen und haben eine davon behalten.«
Micha: »Und wir hatten vier Kinder und haben alle behalten ...«

Mama zu Ramona (5) auf dem Balkon: »Schau mal, da ist noch der Mond am Himmel, der nimmt gerade ab.«
Ramona total trocken: »Tja, nur du leider nicht ...«

Oma ärgert sich, nachdem sie ihr Portemonnaie im Geschäft vergessen hat: »Ich könnte mich in den Hintern beißen.«
Jan (6): »Dann mach das doch, du kannst deine Zähne doch rausnehmen!«

Lia (6): »Papa, wie schreibt man ›Bär‹?«
Papa buchstabiert: »B Ä R.«
Lia: »Wie schreibt man Ä?«
Papa: »Ein A mit Pünktchen drauf.«
Lia kritzelt zufrieden weiter eifrig auf einem Stück Papier.
Schließlich gibt sie Papa voller Stolz einen Zettel auf dem steht: »LIBÄR PAPA«.

Fiona (6) und Oma sitzen im Auto und warten auf Mama: »Komm, Oma, wir fahren jetzt fort!«
Oma: »Ich kann doch nicht Auto fahren.«
Fiona: »Warum nicht?«
Oma: »Ich hab doch keinen Führerschein.«
Fiona: »Das macht doch nichts. Dann nimm doch den von der Mama.«

Annie (8) kommt total verdreckt vom Spielen nach Hause.
Mama: »Du altes Ferkel.«
Annie ganz cool: »Du weißt schon, wer die Mutter vom Ferkel ist?«

Luca (4) sieht zu, wie sein kleiner Bruder von Papa gewickelt wird, der das nicht so oft macht.
Als Papa den Puder vergisst, sagt Luca: »Papa, du musst ihn noch salzen.«

Mutter: »Was mache ich nur, wenn ich dich nicht mehr habe?«
Darauf Lennart (6), ganz trocken: »Dann hast 'nen anderen.«

Opa nimmt seine Brille ab und sagt zu Mia (5): »Ich muss mal meine Brille absetzen und die putzen.«
Mia: »Opa, wie willst du denn ohne Brille sehen, ob die Brille sauber ist?«

Die Tante soll beim Versteckspiel Simon (6) und Lisa (4) suchen. Sie entdeckt die beiden, beginnt aber absichtlich in der entgegengesetzten Richtung zu suchen.
Nachdem sie die Kinder gefunden hat, sagen die beiden: »Du suchst genauso blöd wie die Mama!«

Alice (6) und Papa sind im Baumarkt, kaufen Wandfarben und Pinsel.
Papa: »Verdünnungsmittel brauchen wir auch noch zum Reinigen der Pinsel.«
Alice: »Oh, da bringen wir der Mama eine Flasche mit, die will doch gern dünn werden!«

Florian (4): »Ich brauch kein Haustier, Mama,
ich hab doch meinen Bruder.«

Die Familie sitzt bei einer Hochzeitsfeier um den Tisch.
Der ältere Onkel fragt Tom (14): »Rauchen bei dir in der
Klasse schon welche?«
Tom: »Nein, bei uns nicht.«
Sagt Toms Bruder Lukas (4), der daneben sitzt: »Bei
uns auch nicht …«

**Mark (10) zu seiner Schwester Julia (13): »Geh auf dein
Zimmer und nimm deine Sch*** Pubertät gleich mit!«**

Tim (3) zu seinem Vater (Oliver): »Papa, haben
Oma und Opa eigentlich auch Kinder?«
Papa: »Ja, zwei Kinder.«
Tim: »Und wie heißen die Kinder?«
Papa: »Dani und Olli.«
Tim: »Das ist ja lustig, das eine Kind heißt
wie du!«

Mia (4): »Der Papa ist auf der Arbeit Chef, zu Hause
ist Mama Chef, da hat Papa nichts zu sagen …«

**Vivienne (7) sagt beim Familienausflug ganz
schelmisch zu Oma: »Oma, sag doch mal DEINER
Tochter, sie soll IHRER Tochter ein Eis kaufen.«**

Nathalie (4): »Du bist meine beste Mama!«
Mama: »Bin ja auch deine einzige Mama.«
Nathalie: »Hätte ich 100, würde ich trotzdem dich nehmen!«

Justin (4): »Mama – wo habt ihr eigentlich Oma und Opa kennengelernt?«

Sonja (5), als sie bei Oma mal wieder nicht ihren Willen bekam: »Können wir der Oma nicht kündigen ...?«

Elias (3): »Mama, die Oma hat einen Hund?«
Mama: »Ja.«
Elias: »Der Roman (sein Kumpel), hat auch einen Hund?«
Mama: »Ja.«
Elias (kurze Denkpause, seufzt etwas enttäuscht):
»Wir haben leider nur den Henry!«
(Das ist sein kleiner Bruder.)

Marian (6): »Ich sag's dir, wenn du mit fünf Frauen in einem Haus lebst, musst du seeeehr früh aufstehen, um ins Bad zu können ...«

Felicitas (4) mit der ganzen Familie am Frühstückstisch, inklusive Oma und Opa:
»Papa, iss nicht so viel, sonst wirst du noch so dick wie der Opa!«

Finn (5): »Mama, was sind Sumoringer?«
Mama: »Das sind dickere Menschen, die
miteinander kämpfen!«
Finn: »Machst du das mit Papi auch?«

Dominik (8) möchte Autoscooter fahren, seine Schwester
Natalie (4) will unbedingt mitfahren. Die zwei drehen ihre
Runden – Natalie schon leicht blass um die Nase. Als die
Fahrt zu Ende ist, steigt Natalie schnell aus und sagt: »Du,
Mama – der Dominik kann überhaupt nicht Auto fahren!«

Sara (4) zur Erzieherin: »Heute holt mich meine
Tante ab!«
Erzieherin: »Wirklich? Wie heißt denn deine Tante?«
Sara verwundert: »Hä? Die heißt Tante.«

Jason (6): »Du sollst heute Abend nicht
weggehen, Mama!«
Mama: »Darf ich nicht auch mal Spaß
haben?!«
Jason: »Nein! Du bist Mutter!«

Weiberfasching: In der Schule sieht Lewis (7), wie Mädchen
einem Lehrer die Krawatte abschneiden.
Später sagt er zu Mama: »Wenn man einen Opi mit
Krawatte trifft, darf man sie nicht abschneiden.«
Mama: »Wieso, ist doch auch ein Mann.«
Lewis: »Neeeeeee, ein Opa!«

Mara (5) hat bei Freunden einen Swimmingpool im Garten gesehen und beantragt nun telefonisch bei Oma den Bau eines solchen. Oma argumentiert dagegen: »Zu teuer, kein Platz« usw.
Daraufhin kurze Pause am anderen Ende der Leitung, dann ganz kühl: »Gib mir mal den Opa!«

Kay (6) bewundert das neue Auto von Opa und sagt: »Boah, das ist superschön.«
Opa dann zum Spaß: »Ja, und da dürfen auch nur schöne Menschen mitfahren.«
Kay empört: »Und was machst DU dann im Auto?«

Mama ermahnt Caprice (4): »Du sollst doch nach 17 Uhr keine Schokolade mehr essen!«
Aber da sie bei Oma und Opa zu Besuch sind, sagt Caprice: »Aber HIER ist der Opa der Bestimmer.«

Papa mit Handtuch über dem Kopf spielt Darth Vader und sagt zu Alina (2): »Alina, ich bin dein Vater.«
Alina schaut verdutzt und erwidert: »Nein, du bist mein Papa.«

Shari (8) im Bad mit Mama: »Mama, welches Handtuch kann ich benutzen?«
Mama: »Na ja, meins und deins wie immer, warum fragst du?«
Shari: »Weil, wenn ich mich mit dem Handtuch von meinem Bruder abtrockne, hab ich ja seine Eier im Gesicht.«

Papa zu Mama und Sebastian (2): »Wo kommt ihr denn her?«
Sebastian: »Von der Uroma Lila!«
Papa schaut ganz verdutzt, bis ihm einfällt, dass Oma »Rosa« mit Vornamen heißt.

Caro (5) sieht Papa beim Anziehen zu.
Papa: »Findest du das schick?«
Caro: »Nein.«
Papa mit gespielter Entrüstung: »Na, danke.«
Caro: »Nein, Papa, ich hab NEIN gesagt!«

Bob (4) hat sich seine kompletten Arme mit Filzstift vollgemalt.
Mama: »Warum hast du das gemacht?«
Bob: »Ich möchte so aussehen wie Lukas.«
(Sein Onkel Lukas ist von oben bis unten tätowiert ...)

Janis (7) muss die Spülmaschine ausräumen und sagt zu Mama: »Schade, dass du nicht ZWEI Kinder haben wolltest ... dann könnte ICH spielen, während das andere Kind für mich arbeiten müsste!«

Papa hackt im Garten Holz.
Helene (7): »Papa, wenn du so weitermachst, müssen wir die Pipi Langstrumpf anrufen. Die ist wenigstens stark.«

Noah (1) und Nelly (3) sitzen in der Badewanne.
Noah schlägt sich den Kopf an und weint.
Mama fragt ihn: »Oje, was ist denn passiert?«
Nelly ruft: »Also, ich war das jetzt mal nicht!«

Mia (6) mit Papa und Opa beim Abendessen.
Opa zu Papa: »Und du wirst nicht glauben, wo heute das
Auto mit Mia und mir automatisch wie von Geisterhand
hingefahren ist.«
Papa: »Nein, wohin denn?«
Mia: »Ja, zur Eisdiele.«
Papa ironisch zu Mia: »Da hat der Opa aber Pech gehabt,
weil der doch gar kein Eis mag ...«
Mia: »Ja, und dann musste er es auch noch bezahlen ...«

Luke (3) fährt mit Mama im Auto. Plötzlich
piepst eine kleine Stimme vom Rücksitz:
»Mama, hast du auch Kinder?«

Jamie (7): »Mama, für andere würdest du stinken,
aber für mich riechst du gut!«

Der Hund kratzt mit seinen Krallen an der Sofaecke.
Julie (5) zu ihm: »Lass das nicht Mama sehen – die
schimpft mit dir, aber ich nicht«, ...und umarmt ihn.

Karl (5): »Papa, die Mama ist gemein.«
Papa: »Wieso denn?«
Karl: »Die sagt, ich bin wie du.«

Irina (10) hat für jedes Familienmitglied ein kleines Plastiktier herausgesucht und aufgestellt.
Auf die Frage nach dem Drachen, der für Mama steht, sagt sie: »Mama ist der Drache, sie hält viel aus, aber manchmal muss sie Feuer spucken!«

Benno (6): »Wenn ich erwachsen bin, dann seid ihr schon Omi und Opi.«
Mama: »Wir sind Omi und Opi, wenn wir ein Enkelkind bekommen.«
Benno: »Ach so. Und sonst seid ihr einfach nur alt.«

Emma (4) muss während des Abendessens zur Toilette und fragt: »Papa, gehst du mit mir?«
Papa: »Nein, ich bin noch nicht fertig.«
Emma: »Kann dann die andere mit mir gehen?«
(Mama ist die »andere«.)

Mathea (9): »Papa, ich muss dir mal was sagen – du hast immer Mundgeruch.«
Papa: »Wirklich immer und doll?«
Mathea: »Na ja, wohl nicht immer, weil, wenn Mama dich küsst, verzieht sie nicht die Nase …«

Alina (4), deren Opi Sigurd heißt, isst Kekse mit Buchstabenform (Russisch Brot).
Sie hält das S hoch und sagt: »S – wie Opi.«

Jakob (6): »Mama, dürfen wir fernsehen?«
Mama: »Nein, du und Sophie [Schwester 1] habt
vorher schon ferngesehen.«
Jakob: »Da war aber Friederike [Schwester 2] nicht
dabei ...«

Wortspiele

Oliver (5) und Mama gehen morgens zum Auto, das vom Tau ganz nass ist.
Er schaut sie ganz entgeistert an und sagt: »Oh mein Gott, Mama, dein Auto ist geschmolzen!«

Floris (5): »Als Lucky [der Hund der Familie] gestern Nacht so laut gebellt hat, ging Mama raus und stillte ihn.«

Cara (9) philosophiert: »Wenn ihr in einer Wohnung wohnt, hausen wir dann in einem Haus?«

Leona (4) sitzt im Garten. In den Händen hält sie eine Barbie.
Plötzlich spreizt sie der Puppe die Beine zum Spagat auseinander und meint: »Guck mal, meine Barbie kann Spaghetti!«

Aileen (3): »Ich möchte ein Haus malen!«
Mama: »Mit einem Garten?«
Aileen: »Nein, mit einem Stift!«

Gwen (5): »Mama, wann können wir mal wieder den Film »Hundertzwei Dreimatiner« von Wot Dinei sehen?«
(Sie meinte natürlich »101 Dalmatiner« von Walt Disney.)

Joel (6) fragt: »Mama? Was ist eine Stube?«
Sie zeigt in Richtung Wohnzimmer.
Er schaut sie an und meint: »Quatsch, das ist doch das Wohnzimmer!«

Jojo (6) sieht, wie Mama die alte Yorkshire-Dame schert, auf einmal brüllt er: »Zoey, komm mal gucken, die Mama hat Xena gemäht. Nun ist sie mit ohne Haare!«

Carlo (6) hilft Mama die Wäsche einzuräumen.
Als sie fertig sind, meint er: »So! Jetzt gehe ich mal gucken, was ich noch anstellen kann.«

Papa putzt Schuhe. Lisa (2 Jahre) ganz begeistert:
»Lisa auch Schuhe ANMALEN!«

Die Eltern der drei Kinder Andrea (17), Bine (8) und Katrin (3) fahren in den Urlaub.
Andrea freut sich: »Da können wir mal richtig die Sau rauslassen, wenn die Eltern weg sind.«
Katrin fragt am nächsten Tag: »Wann kommt denn nun das Schweinchen?«

Femke (4): »Ich möchte Esswolle.«
(Zuckerwatte)

Finnja (4): »Sonntag kommt der Erdbeerschorsch.«
(Erzbischof)

Papa: »Oh Mann, der Computer ist abgestürzt!«
Elias (3): »Dann heb ihn doch auf ...«

Nora (6): »Mama, wie viel Uhr ist es?«
Mama: »Halb eins vorbei.«
Nora mit strenger Stimme: »Ich möchte nicht wissen,
was vorbei ist, sondern wie viel Uhr es jetzt ist.«

**Alina (3) bei einem Spaziergang an einem leicht windigen
Herbsttag: »Schau mal, Mami, ein Blättertanz!«**

Paul (4), das erste Mal beim Rosenmontagsumzug:
»Warum rufen alle Hellblau?« (Helau)

Adrejana (6) beim Spazierengehen: »Schau, Mama, schon
wieder ein Südtiroler.«
Mama schaut sich um und entdeckt nur eine Jugendliche
auf einem City-Roller.

Philipp (3) räumt mit Mama den Pflanzenabfall in die
grüne Tonne und sagt: »Gell, Mama, da kommt dann
das Bier für den Papa raus ... das ist die Biertonne!«

Raphael (5) kommt während eines Sturms zu Mama und ruft aufgeregt: »Mama, komm mal zum Fenster, da ist eine Windhose.«
Mama geht hinüber, schaut zum Fenster – und sieht eine Männerunterhose daran herumflattern, die der Wind von einer Wäscheleine gerissen hat.

Lilia (4) fragt: »Wo ist Papa?«
Mama: »Badminton spielen.«
Kurze Denkpause.
Lilia: »Hat er da auch ein Batman-ton-Kostüm an?«

Oskar (5): »Wenn ein Arzt operieren will, muss er erst sterilisiert werden.«

Birte (4) über ihre Mutter, die gerade den Staubsauger in der Hand hält: »Mama bügelt gerade das Wohnzimmer.«

Emily (3) wird aufgefordert, sich bei ihrer Tante für das mitgebrachte Geschenk zu bedanken.
Mama: »Wie heißt das Zauberwort?«
Emily: »Simsalabim.«

Ansgar (3) baut mit Duplo.
Ansgar: »Komm wir repa, repa, repa... wir machen das desund.«

Der Manuel (3) hält einen Sektkorken hoch und meint: »Das ist ein Plopp!«

Am Skilift beschwert sich Nike (6) über die Snowboarder: »Wir wären viel schneller, wenn nicht immer die ganzen Einbeinigen rumstehen würden.«

Tobias (5) nach dem Aufstehen: »Opa, ich hab mich wach geschlafen!«

Als Miriam (5) ins Bett gehen soll, flackert die Nachttischlampe.
Da platzt es aus ihr heraus: »Mama! Die Lampe hat ja einen Wackelkompott!«

Sina (8) schaut auf den Kalender und meint: »Oje, wir können morgen nicht zur Schule, da ist Bus- und Bettag, da fahren keine Busse.«
Samy (9) darauf: »Du Dummi, wir müssen mit der Bahn fahren.«

Luis (6) bei der Impfung. Die Ärztin sagt zu ihm: »Na, du bist doch ein großer, tapferer Junge.« Luis sieht sie ängstlich an und sagt: »Eigentlich bin ich nicht tapfer, eigentlich bin ich ziemlich jämmerlich.«

Linas (5) Papa ist Soldat und erzählt ihr, dass bald ein Biwak ansteht und er über Nacht nicht zu Hause ist. Am nächsten Tag wird Lina in der Kita gefragt, ob ihre Eltern zum Laternenfest kommen. Darauf antwortet sie: »Die Mama kommt, aber Papa ist beim Zwieback.«

Unterhaltung über einen Rechtsanwalt zwischen Mama und ihrer Schwester.
Tobias (7): »Sag mal, Mama, gibt es eigentlich auch einen Linksanwalt?«

Luis (3 Jahre) findet einen BH in der Wäsche.
Mama bittet ihn, diesen wegzulegen.
Luis: »Okay, Mama, ich packe deine Brüste weg.«

Mattis (5) hat eine Büroklammer gefunden und sagt:
»Mami, Papi, ich weiß genau, was das ist!«
Mama und Papa: »Was denn?«
Mattis: »Das ist eine Zettelklammer.«

Mama steht morgens im Badezimmer und föhnt sich die Haare.
Lukas (3) kommt rein: »Mama, geh dich woanders bügeln, ich muss Zähne putzen!«

Mama redet mit einem Freund, streckt die Hand aus und sagt: »Guck mal, riecht nach Friedhof.«
Bea (5): »Nein, Mama, nach Handcreme.«

Jonas (5) steht beim Kinderarzt vor einer Magnettafel, nimmt zwei Magnete ab, sieht zu Mama und fragt: »Sind die genetisch?«

Karel (4): »Mama sagt, du isst kein Fleisch, du bist vegetarisch.«
Erzieherin: »Ja, genau, das stimmt. Und du?«
Karel (4): »Ich schon. (Überlegt kurz.) »Ich bin evangelisch.«

Hannah (4) rührt in ihrer Tasse mit Milch.
Hannah: »Mama, du hast mich angelogen!«
Mama: »Warum, was ist denn?«
Hannah: »Ich habe gar keine Haare in der Milch.«
Mama: »Haare??? Warum solltest du Haare in der Milch haben?«
Hannah: »Du hast gesagt, wir haben nur noch Haar-Milch ...«

Mama zu Lisa (2): »Es ist kalt draußen!«
Lisa: »Müssen wir heute auch das Auto rasieren?«
Sie meinte damit Eis kratzen.

Die Kinder spielen im Kindergarten »wilde Tiere«.
Paula (3) knurrt: »Ich bin eine Luftschlange!«

Maik (2): »Ich sag immer Bohrschine, weil Bohrmaschine kann ich noch nicht sagen ...«

Onkel zu Emily (6), als sie beim Kartenspiel gewinnt: »Du bist aber ganz schön pfiffig!«
Emily empört: »Nein, bin ich nicht – ich kann noch gar nicht pfeifen!«

Auf dem Bauernhof kräht der Hahn zehnmal hintereinander. Johann (3): »Der klingelt aber lange …«

Oma parkt mit dem Auto aus. Mama bittet Korbinian (6): »Warte, bis die Oma steht.«
Als das Auto ausgeparkt ist, steigt Mama ein und drängt: »Jetzt komm.«
Korbinian trocken: »Die Oma steht doch gar nicht, die sitzt doch noch.«

Sarah (3): »Der Opa hat auch Biene Maja im Popo …«
Ihre Variante von »Hummeln im Po«.

Lars (4) bemalt mit Mama Eier zu Ostern und steckt sie dafür auf Holzstäbchen. Nach einer Weile hat Lars mehrere davon in der Hand und ruft begeistert: »Mama! Ich habe die ganze Hand voller Eierstöcke!«

Helen (4) singend im Bus: »Meine Oma fährt im Hühnerstall Motorrad, Motorrad, Motorrad. Meine Oma ist 'ne ganz potente Frau!«

Phillip (6) und Mama räumen gemeinsam die Lebensmittel ein. Er steht am Abendbrottisch, Mama am Kühlschrank.
Nach einer Weile sagt er: »Mama, ich bin der Angeber!«

Max (6) baut an einem Lego-Schiff.
Mama: »Hast du das Schiff verbessert?«
Max: »Nö, Mama. Ich habe es vercoolert.«

**Mama: »Morgen ist die Kommunion von
Patrick, und danach gehen wir essen!«
Lotta (8) überlegt kurz und fragt dann:
»Gehen alle Kommunisten danach essen?«**

**Konstantin (8) im Stadtpark zu seinem Freund:
»Schau mal, wie schön der Pfau blüht ...«**

Ginny (5) und Artur (6) diskutieren.
Ginny: »Artur, du sollst dich ausziehen,
Mittagsschlaf.«
Artur: »Neeeein, ich nicht.«
Ginny: »Doooch, alle, hat Mama gesagt.«
Artur (zeigt mit dem Finger auf Ginny):
»KÜMMER DU DICH UM DEINE GELEGTEN
EIER!« (Angelegenheiten)

Samuel und Jonas (beide 5) unterhalten sich über Autos.
Samuel: »Habt ihr auch ein Navi?«
Jonas: »Nee, wir haben 'nen Chrysler.«

**Jessi (2), die jüngste von vier Schwestern,
beklagt sich: »Mama, kannst du mir die
Haare nicht auch mal lang schneiden?«**

Silvesterfeuerwerk. Kevin (3), auf dem Arm seines Vaters, ist ganz fasziniert.
Auf einmal ruft er entsetzt: »Papa, Papa, die schießen ja den ganzen Himmel kaputt!«

Nico (5) zu Oma: »Oma, was ist das – ein Tier schwimmt auf dem See und fängt mit ›N‹ an?«
Oma: »Nilpferd.«
Nico (5): »Nein, Oma, ein Ntchen!«

Leonie (4) ist bei Oma zu Besuch. Sie holt im Bad die Waage aus der Ecke, stellt sich drauf und wiegt sich.
Als Oma sich auf die Waage stellt: »Oma ... wie viele Kilometer wiegst du?«

Camille (5): »Wir waren in einem tollen Park, so einem Sterbepark.« (Friedhof)

Zoes (4) Weisheit: »Rocker sind Männer, die gerne tanzen und Röcke dabei anhaben.«

Lena (12) spricht mit ihrer Freundin im Auto über Justin Bieber und seine Musik.
Auf einmal meint Moritz (4): »Und es gibt auch noch den Bi-Ba-Butzemann ...«

**Mama zieht Emma (3) die Decke weg, sie soll
endlich aufstehen.
Emma läuft raus zu Papa und jammert: »Mama
will mich immer kaltmachen.«**

Britta (4) sitzt in Opas neuem Auto. Opa freut sich über den
Neuwagenduft, Britta weniger.
Plötzlich ruft sie: »Opa, Mama, irgendwas stimmt nicht. Ich
esse rückwärts! « Und übergibt sich auf die komplette
Rückbank des neuen Autos.

Celine (7) beim EM-Spiel Frankreich gegen Albanien:
»Wieso singen die immer »Alle sind BLÖD«?
(»Allez les Bleus«.)

**Leonard (7): »Mama, besprecht ihr jetzt, ob ich Fernsehen
gucken darf?«
Mama: »Ja.«
Leonard: »Ich drück mir die Daumen.«**

Owen (2) gibt seiner Schwester Gwen (4) ein
Stück Keks ab. Mama zu Gwen: »Du hast aber
einen großzügigen Bruder.«
Gwen: »Nein, ich bin großzügig, er ist
höchstens kleinzügig!«

Phillip (6) kommt total verschwitzt aus der prallen Sonne in
den Schatten und schimpft: »Mensch, ich bin kein
Sommertyp – ich bin ein Planschbeckentyp ...«

Der Kindergarten besucht morgens die örtliche Filiale der Kreissparkasse.
Simon (4) später am Mittagstisch: »Papa, wir waren heute in der Kreiskasse. Die war ganz schön eckig.«

Samuel (7) schaut mit seinem Papa Fußballspieler im Internet an.
Papa: »Kennst du diesen Spieler?«
Samuel: »Ja, der heißt ›Airways Qatar‹ – steht doch auf dem Trikot ...«

Marc (4) hört im Autoradio Staumeldungen und fragt: »Woher kommt denn der ganze Staub?«

Mama: »Leonardo, ›groß‹ ist kein Tunwort. Oder tust da was?«
Leo (8) mit breitem Grinsen: »Wenn ich sag, ich geh ›groß‹, schon.«

Paul (3): »Papa, warum schneidest du dem Rasen die Haare?«

Josephine (4): »Oma, leider kann ich heute keinen Sandmann gucken. Unsere Kloschüssel hat sich beim Wind verstellt.«
Sie meint die Satellitenschüssel.

Mama und Papa haben Tapete von der Wand entfernt.
Marius (2): »Oh nein, die Wand ist ja nackig – wieder was anziehen.«

Leon (2) und Papa schauen Fußball (HSV-BVB) – im Spiel muss der Spieler Sokratis Papastathopoulos (Spitzname ›Papa‹) verletzt vom Platz.
Leon fragt: »Wer hat da Aua?«
Papa: »Papa hat Aua – der Spieler heißt Papa.«
Daraufhin geht Leon zu seinem Papa, streichelt ihm über den Kopf und sagt: »Mein Papa heißt auch Papa, stimmt's, Papa?«

Larissa (5) beim Mittagessen zu ihrer Erzieherin: »Meine Schwester hat sich beim Reiten am Knie wehgetan – sie hat da jetzt einen Zuckerguss!«

Carola (10) sieht einen Mann im Fernsehen, der Gebärdensprache spricht: »Schau mal, der macht Gebärmuttersprache!«

Mama fragt Benny (4), als was er sich zu Fasching verkleiden möchte.
Benny : »Als ein Toyboy.«
Mama total geschockt: »Weißt du überhaupt, was das ist?«
Benny strahlt: »Ja, die haben ein großen Hut und eine Gitarre.«
(Zum Glück meint er »Cowboy«.)

Tim (2) kommt aus seinem Zimmer und hat sich eingepullert, er trug keine Windel.
Sein Kommentar dazu: »Oh, verschüttet.«

Mama fragt Jan (4), warum er denn aus dem Kindergarten ein Feuerwehrauto mitgenommen habe.
Jan: »Das gehört Mika, aber er hat mir das ausgeleiert …«

Pauline (3) bekommt das erste Mal ein Freundschaftsbuch zum Reinschreiben. Bei der Frage, was sie am liebsten im Kindergarten spielt, antwortet sie: »Mater-Futter-Kind!!!«

Eine Glühbirne ist zu Hause durchgebrannt.
Tina (6) zu Mama: »Vielleicht ist der Strom von der Lampe ausgeleiert?!«

Papa: »Wir fahren nachher mit dem Auto schnell zu Hause vorbei und holen deine Schwimmsachen aus dem Haus.«
Maria (5): »Wie sollen wir denn bitte schön die Schwimmsachen aus dem Haus holen, wenn wir vorbeifahren?«

Dani (3) beim Anblick einer kurzen Bermudashorts: »Mama, sieh mal, eine Hose ohne Arme.«

Elias (3) gähnt spätabends: »Ich bin
dunkelmüde.«
(Das Gegenteil von hellwach.)

Mama kämmt Anna (5) die Haare und sagt: »Du hast so
schön goldenes Haar.«
Anna mit pathetischer Stimme zu ihrer Schwester Sarah (9):
»Und du hast sooo schönes Straßenköterblond!«

Jacky (6) nach dem Fußball: »Mamaaaa … ich hab
Katermuskeln!«

Nach zehn Stunden Autofahrt sagt Roman (3):
»Ich bin nicht müde, ich bin todwach! Und
meine Schwester ist auch todwach!«

**Nach dem Aufhängen von frisch gewaschenen und
noch tropfenden Gardinen sagt Marla (2): »Mama,
die Dagine weint.«**

Amelie (7) fragt: »Wie schreibt man Glück?«
Mama: »Mit CK.«
Später reicht Amelie Mama einen Zettel, auf dem steht: »Ich
wünsch dir viel CKLÜK.«

Fabian (4) ist beim Spaziergang in Hundescheiße getreten
und fragt, wie er das wieder vom Schuh abbekommt.
Papa: »Versuch mal am Rasen.«
Fabian fängt sofort an, über die Wiese zu rasen …

Rasmus (3) hat sich seine lange, lockige Haarsträhne ganz fest um den Zeigefinger gewickelt und ruft: »Mama, ich bin eingelockt!«

Nachbar zu Max: »Da liegt noch ein Fußball auf der Garage, weißt du das?«
Max (8): »Ach ja, den hab ich gestern da hochgesalzen.«
(Er meint »gepfeffert«.)

Monja (4) zappelt auf dem Teppich herum: »Aua. Ich hab einen Stromausfall bekommen.« (Kleine elektrostatische Entladung)

Großwerden & Altern

Lina (4): »Mama, wenn ich groß bin, bringe ich dich in den Kindergarten und gehe arbeiten, und dann hole *ich dich* ab.«

Ariane (4) zur Oma: »Mama hat da unten auch so Haare wie du. Aber wenn ich groß bin, dann hab ich so 'nen Schlabberpipi wie der Papa!«

Kai (4): »Mama, wenn ich zu groß bin, dass du mich tragen kannst, dann werde ich dich einfach tragen …«

Wir sitzen beim Abendbrot, als Jojo (6) feststellt: »Ab 40 Jahre ist man alt, und man vergisst alles!«
(Mama ist 41 …)

Mama macht Niklas (3) einen Vorschlag, was sie spielen könnten.
Seine Antwort: »Mama, so alte Frauen wie du spielen das nicht mehr.«

Zoey (4) soll ins Bett. Sie stampft mit ihrem Fuß auf und sagt zornig: »Wenn ich groß bin, dann gehst DU früh ins Bett!«

Felix (2) schaut sich mit seiner Mama alte Fotos an. Auf den Bildern sind die Mutter und die Tante als Kinder zu sehen. So nach dem zehnten Bild fragt Felix: »Und wo bin ich?«

Bruno und Mesut (beide 3) unterhalten sich im Kindergarten.
Bruno: »Wo wohnst du?«
Mesut: »Ich muss noch zu Hause wohnen.«
Bruno: »Ich auch.«

Oma: »Was willst du denn mal werden, wenn du groß bist?«
Martijan (5): »Erwachsen!«

Leo (4) liegt im Bett und »sinniert« über das Leben: »Mama, wenn ich dann mal alt bin – so ein richtig alter Mann, und wenn ich dann sterbe, was macht *ihr* dann bloß? Dann habt ihr kein Kind mehr!«

Daniel (4): »Mama, wenn ich groß bin, wohne ich mit meiner Frau und meinen Kindern in unserem Haus. Meine Geschwister sollen sich ein eigenes bauen.«
Daraufhin frage ich: »Und wo wohnen Papa und ich dann?«
Seine Antwort: »Na, in dem Haus, wo alle alten Leute wohnen.«

Robin kurz nach seinem achten Geburtstag: »Ich bin froh, dass ich endlich acht Jahre alt bin. Das ist das Älteste, was ich bisher in meinem ganzen Leben war.«

Laura und Elena (beide 7) spielen im Garten. Der kleine Bruder Mica (4) will auch mitspielen. Darauf Laura: »Okay, du bist der Polizist, und wir sind in der Disco. Und du musst uns da rausholen, weil, wir sind ja noch keine 18!«

Jacqueline (5) sagt in der Küche zu ihrer Mutter: »Ich schaue dir zu, wie du Essen machst. Wenn du stirbst, weiß ich, wie ich es selber machen kann …«

Lea (3): »Mama, ich bin schon fünf.« (Im Sinne von: »Dann darf ich das schon.) Mama: »Nein, das bist du nicht. Und das wird auch noch ganz schön lange dauern.« Lea ist kurz ruhig und sagt dann: »Hat schon gedauert.«

Maria (4): »Ich mag es, ein Mensch zu sein, aber irgendwann wäre ich gerne eine Fee …«

Liam (4) und seine Mama sitzen auf dem Balkon, und er schießt mit einem Stock, den er als Pistole benutzt, auf Passanten. Mama: »Du weißt, nicht auf Menschen zielen!« Liam: »Aber Mama, das war kein Mensch, das war ein Rentner.«

Lotte (6), die unbedingt einen Hasen haben möchte, zu ihrer Mutter: »Wenn ich das Haustier nicht bekomme, bekommst du später, wenn ich groß bin, keine Enkelkinder ...«

Benjamin (5): »Wenn wir doch alle sterben müssen, warum haben dann alle Angst davor?«

Katharina (3): »Papa, warum bist du heute ganz in Schwarz?«
Papa: »Ich muss zu einer Beerdigung.«
Katharina sieht ihn mit erstaunten Augen an und fragt: »Wo hast du denn deinen Spaten?«

Jasmin (5): »Wenn ich groß bin, darf ich dann auch mal keine Zeit haben?«

Mutter zu Dean (9): »Du bist doch kein Kleinkind mehr.« Dean mit theatralischer Geste: »In meinem Herzen bin ich immer noch jung ...«

Janine (5): »Meine Mama ist echt schön, man sieht immer noch, dass sie mal jung war.«

Am Abend ihres vierten Geburtstags, an dem ihre Eltern eine riesige Party mit ihren Freundinnen und Verwandten inklusive Schatzsuche etc. veranstaltet haben, wird Meike gefragt: »Was hat dir denn heute am besten gefallen?«
Meike: »Dass ich bald fünf werde.«

Beim Mittagessen im Kindergarten.
Sascha (4): »Und wenn ich 28 bin?«
Sarah (5): »Dann bist du ein Mann, vielleicht
schon ein Papa.«
Alexander (4): »Ja, jeder muss mal Papa
werden.«
Sarah: »Nein, nicht unbedingt.«
Tom (5): »Ja, man kann auch was anderes als
Papa werden, zum Beispiel Bauarbeiter!«

Alinas Lebensentwurf mit fünf Jahren: »Ich werde
Feuerwehrfrau, heirate den Max [jugendlicher
Nachbarssohn] und kriege kein Kind, denn wenn es brennt,
kann ich mich ja nicht darum kümmern.«

Mia (4): »Gell, Papa, mit 18 fängt die
Selbstbestimmung an …?«

Jona (3): »Mama, ich bin schon groß!«
Die Mama darauf: »Ich bin aber größer, mein Schatz.«
Jona darauf: »Mama, du bist nicht groß, du bist alt!«

Scarlett (5) fragt ihre Oma: »Du, Oma, waren deine
Eltern eigentlich Affen?«
Oma: »Wie kommst du denn darauf?«
Darauf Scarlett: »Na ja, der Mensch stammt doch
vom Affen ab …«

Lena (6): »Opa ist ganz wertvoll. Der ist nämlich schon antik.«

Sam (8) mistet sein Spielzeug aus, hält Mama eine Babyhaarbürste unter die Nase und fragt: »Was ist das?«
Mama: »Ähm – eine Babybürste.«
Sam theatralisch: »Nein – das ist die einzige Erinnerung an meine Kindheit!«

Svenja (3): »Wenn ich groß bin, werde ich Feuerwehrmann. Oder Feuerwehrfrau. Das weiß ich noch nicht so genau.«

Taito (6) zu seinem Freund Dario (6): »Ich sehe was, was du nicht siehst, und das ist muskulös, cool und sitzt rechts von dir ...«
(Taito sitzt rechts neben Dario.)

Johanna (4) rennt Mama, die gerade von der Arbeit kommt, weinend entgegen und sagt: »Mama, der Papa hat mir mein Leben versaut!«
Mama: »Warum?«
Johanna: »Er hat mir beim Zähneputzen geholfen! Und ich muss das doch selbst können, bis ich groß bin.«

Lila (4) und Mama sitzen zusammen, um in das Freundebuch einer Kindergartenfreundin zu schreiben. Auf die Frage, was sie mal werden möchte, wenn sie groß ist, antwortet sie: »Eine Mama. Aber eine, wie du bist!«

Till (6) beim Kinderturnen, als er eine Wackelbrücke überqueren soll: »Ich möchte das nicht machen. Ich bin noch zu jung zum Sterben!«

Alexander (5): »Wenn ich groß bin, werd ich Tourist.«
Papa: »Wieso?«
Alexander: »Weil ich dann immer Urlaub hab.«

Theresa (5): »Mama, wie alt bist du, wenn ich 18 bin?«
Mama: »Dann bin ich 48.«
Theresa: »Bist du dann unsere Oma?«

Nele (5): »Mama, in welchem Jahr bist du geboren?«
Mutter: »1980. Warum?«
Nele: »Aha. Und wann war der Urknall?«

Timon (6): »Mama, wann bist du geboren?«
Mama: »77.«
Timon: »Achtzehn- oder neunzehnhundert?«

Zoe (4) wird bettfertig gemacht.
Mama sagt zu ihr: »Bring bitte deinen Schlafanzug mit.«
Zoe erwidert: »Den kannst ruhig du mal holen, du bist ja noch nicht so alt!«

Mike (6): »Mama, ›Star Wars‹ ist erst ab zwölf. Mit Phil [auch 6] zusammen kann ich ihn aber anschauen.«

Severin (3) zu seiner Erzieherin: »Vor vielen, vielen Jahren hatte ich einmal eine Fotokamera.«

Nicolas (4): »Wie alt wird Opa?«
Mama: »70.«
Nicolas völlig aufgelöst: »Waaas, 70?? Das ist ja eine der letzten Zahlen!«

Marylou (5) zu ihrer Uroma (85): »Ich möchte nicht, dass du Geburtstag hast.«
Oma: »Warum denn nicht?«
Marylou: »Ich möchte nicht, dass du älter wirst. Ich will, dass du für immer lebst!«

Janna (3): »Mama, warum weinst du denn?«
Mama: »Weil Oma Elisabet [Uroma von Janna] heute in den Himmel geflogen ist.«
Tochter: »Mama, du musst nicht traurig sein, du kannst meine Oma haben. Weißt du, wir teilen uns meine Oma einfach.«

Luis (3) bekommt ein Freundebuch zum Reinschreiben.
Auf die Frage »Was willst du einmal werden?« antwortet er strahlend: »Ein Monster.«

Amelia und Emma (beide 5) unterhalten sich im Kindergarten über Amelias kleinen Bruder (2).
Emma: »Wolltest du eigentlich einen Bruder?«

Amelia: »Nein, den hat sich meine Mama ausgesucht.«
Emma: »Und wann wird er endlich ein Mädchen?«
Amelia: »Das kann noch dauern!«

Leonie (6): »Mama, du hast ja heute Geburtstag.
Warum bist du denn nicht gewachsen?«
Mama: »Na ja, Leonie, ich bin schon ausgewachsen,
ich werde nicht mehr größer.«
Leonie: »Hmm, komisch, also für dein Alter bist du
sehr klein, schau mich mal an, ich bin sechs und fast
so groß wie du.«

Mama: »Tina, möchtest du Mama helfen, die
Badewanne zu putzen?«
Tina (5): »Och nöö, ich mach das, wenn ich
später auch mal eine Mama bin ...«

Karl (6): »30 ist so viel, so alt kann doch keiner werden!«
Philipp (6): »Doch, das geht, das hab ich schon gesehen!«

Elisa (4) streckt ihrer Mama ihr Spielzeughandy
entgegen: »Mama, hier! Deine Oma ist dran!«
Mama: »Meine oder deine Oma?«
Elisa: »DEINE!«
Mama: »Aber meine Oma wohnt schon ganz
lange im Himmel.«
Elisa: »Oh ... hat sie ihr Handy denn nicht
mit?«

Es gibt Kuchen in der Schule, und alle möchten noch ein zweites Stück, weil er so lecker ist.

Fabienne (9): »Lena hat gesagt, das ist der leckerste Kuchen, den sie je gegessen hat – und die ist schon zehn!«

> Melissa und Liska (beide 5) beim Spielen: »Das Leben ist so schön.«
> »Ja. Ich wünschte, ich wäre gerade geboren.«
> »Warum?«
> »Dann könnte ich noch länger leben.«

Xenia (5): »Mama, wie alt bist du eigentlich?«
Mama: »33.«
Xenia: »Waaas, 33 ... und da lebst du noch??«

> **Lars (7): »Mama, du kriegst keine Kerzen auf deinen Geburtstagskuchen. So viele, wie man da braucht, kann ja keiner bezahlen.«**
> **(Mama ist 33 ...)**

Lara (4) fragt ihre Tante, warum ihre Oma sterben musste.

Tante: »Sie war schon alt, und alte Menschen sterben irgendwann.«

Lara: »Und du?«

Tante: »Ich noch nicht. Erst wenn ich alt und schrumpelig bin.«

Lara traurig: »Aber du bist doch schon ein bisschen schrumpelig.«

Anna-Lena (5) weint morgens beim Kuscheln im Bett.
Mama: »Was ist los?«
Anna-Lena: »Ich habe bei dir zwei weiße Haare gesehen. Ich will aber nicht, dass du stirbst.«
(Mama kann sie beruhigen und kauft sich am Tag drauf eine Tönung ...)

Heinrich (4) betrachtet den roten Abendhimmel: »Guck mal da oben, Oma und Opa feiern ein Fest.«
(Oma und Opa sind beide schon gestorben.)

Joel (5) und Papa graben den Rasen um,
dabei finden sie eine Münze.
Mama erklärt: »Das ist eine D-Mark, das Geld hatten wir früher.«
Joel: »Ach, das ist aus der Ritterzeit!«

Die Erzieherin spricht mit den Kindern in ihrer Gruppe darüber, dass sie alle begraben werden, wenn sie sterben. Edith (4): »Ja, aber du als Erstes von uns allen hier!«

Josefine (8), dunkelblonde Haare, beim Friseur: »Als ich Kind war, hatte ich blonde Haare.«

Papa, der »etwas stabiler« gebaut ist, ärgert Emma-Lina (4). Sie daraufhin zu ihm: »Wenn ich mal groß bin, werde ich so schön wie die Mama! Und du, du bist immer noch nur dick!«

Sabrina (8) fragt ihre große Cousine kurz vor ihrem 30. Geburtstag: »Du, Ela, du musstest aber früher schnell laufen können, oder?«
Ela etwas verwirrt: »Wie kommst denn du jetzt da drauf?«
Sabrina: »Na, die Dinosaurier hatten doch so große Füße.«

Mama möchte Lars (11) erklären, wie man ein Bügelbrett und Bügeleisen bedient.
Seine prompte Antwort: »Ach Mama! Bis ich groß bin, machen des doch eh Roboter!«

Frederik (7) und Charlotte (5) unterhalten sich über Kater Pieti.
Charlotte: »Weißt du noch, als Pieti Krümel hieß?«
Frederik: »Ja, das waren noch Zeiten!«

Papa: »Vielleicht bist du später, wenn du groß bist, auch mal Mama …«
Mia (7) empört: »Nää! Auf keinen Fall.«
Papa: »Wieso nicht?«
Mia: »Kinder machen immer Ärger … und Dreck.«

Mama zu Rieke (5): »Deine Möhren musst du auch essen, sonst brauchst du später auch mal eine Brille, so wie Mama. Mama hat früher auch nicht gern Möhren gegessen.«
Rieke: »Gab es denn im Mittelalter überhaupt schon Möhren?«

Liam an seinem siebten Geburtstag: »Gell, Mama, jetzt bin ich noch ein Kind, aber wenn ich nächstes Jahr acht werde, bin ich schon ein Jugendlicher.«

Jeremy (3) macht mal wieder Unsinn.
Mama: »Du alter Räuber!«
Jeremy: »Nein, ich bin nicht ein alter Räuber.«
Mama: »Na gut, dann bist du ein kleiner Halunke!«
Jeremy: »Nein, ich bin nicht ein kleiner Halunke!«
Mama: »Nein? Na, was bist du denn dann?«
Jeremy: »Ich bin ein GROSSER Halunke!«

Egon (3) am Grab seiner Großeltern: »Und was ist, wenn die einfach aufstehen?«

Mia (7): »Mit zehn Jahren werde ich auch Vegetarierin.«

Estelle (5): »Opa, es tut mir echt leid, aber es ist wirklich besser, wenn du zuerst stirbst und nicht Oma. Wer soll sonst so lecker für mich kochen?«

Mama, eher klein, versucht eine Tasse aus dem Schrank zu nehmen, kommt aber nicht dran.
Ida (3): »Blöd, wenn man klein ist, was?«

Paolo bekommt an seinem 14. Geburtstag erklärt, dass er jetzt strafmündig nach dem Gesetz ist. Er daraufhin: »Hättest du mir das nicht gestern sagen können? Dann hätte ich noch eine Bank überfallen können.«

Lars (5) möchte nicht Zähne putzen.
Sein Argument: »Ich bekomme doch eh neue, wenn ich groß bin.«

Mia (8): »Mama, wie werde ich als Erwachsene aussehen?«
Mama: »Na, bestimmt sehr hübsch.«
Mia: »Aber wie genau?«
Mama: »Na, so wie jetzt, nur reifer.«
Mia augenrollend: »Oh Mama, du bist doch meine Mama, da musst du mir das schon genauer sagen.«

Geschlechterkampf

Sandra (4): »Mama, warum rasierst du dir die Beine? Der Papa macht das doch auch nicht!«
Mama: »Frauen rasieren sich an den Beinen, weil es besser aussieht.«
Sandra: »Aber du bist doch keine Frau!«
Mama: »Ach so? Was bin ich denn dann?«
Sandra: »Eine Mama!«

Im Fernsehen ist Olivia Jones zu sehen.
Peer (6): »Mama, ist das ein Transit?«

Im Kindergarten sagt Julian (4) beim Mittagessen zum Jahrespraktikanten (der mittlerweile seit einem Dreivierteljahr da ist): »Ich muss dir jetzt mal was sagen. Gut, dass du hier bist. Endlich mal ein Mann!«

Mama zu Jolie (4): »Was hat ein Junge, was ein Mädchen nicht hat?«
Jolie: »Einen Bagger!«

Mama möchte mit ihrer Tochter Sina (4) Puppen spielen.
Mama: »Welche Puppe kann ich spielen?«
Sina: »Die, die den Abwasch macht ...«

> Bernd (5): »Frauen erkennt man daran, dass sie zur Hose keinen Schlips tragen.«

Marina (4) sieht einen kleinen Säugling im Kinderwagen an, dann sagt sie: »Aha, das ist ein Junge.«
Mama: »Und woran siehst du das?«
Marina: »Na, es hat eine hellblaue Strumpfhose an.«

> **Nick (9): »Papa, wo ist Mama?«**
> **Papa: »Auf einer Tupperparty.«**
> **Nick: »Was ist das?«**
> **Papa: »Da sitzen Frauen zusammen, um Plastikschüsseln zu kaufen.«**
> **Nick: »Verarschst du mich?«**

Unterhaltung am Tisch zwischen Schwester und Bruder darüber, worin denn der Unterschied zwischen Frauen und Männer liege.
Leon (7): »Ganz einfach, Männer sind hart, und Frauen sind zart. Das merkt man schon bei Filmen. Frauen heulen immer gleich los.«

> Kindergartenbesuch bei der Feuerwehr: Der Feuerwehrmann erzählt, dass sie neuerdings auch Feuerwehrfrauen haben.

Timo (6): »Und was machen die da?«
Noch bevor der Feuerwehrmann antworten kann,
sagt Patrick (5): »Na, was schon? Putzen!«

Karl (5), im Geschäft mit seiner Mutter, möchte gerne rosa
Socken.
Verkäuferin: »Aber die sind doch für Mädchen.«
Karl: »Ich dachte, Socken sind für Füße.«

**Jana (4) kommt am Strand heulend zu Mama gelaufen
und sagt: »Ein Kind hat mir meinen Eimer
weggenommen!«
Mama: »War es ein Junge oder ein Mädchen?«
Jana: »Weiß ich nicht, das hatte doch nichts an!«**

Mama steht in der Küche, sucht ihre
Handtasche und fragt: »Hat einer meine
Handtasche gesehen?«
Luis (3) antwortet: »Nein. Und wo ist meine?«

Marvin (4) beim Abendessen: »Ich mag keine
Mädchen.«
Mama: »Ich bin aber auch ein Mädchen.«
Marvin: »Nee, du bist eine Frau!«

**Nick (3) zu Lisa (3): »Ich bin ein Junge, und du bist
ein Mädchen.«
Lisa: »Neeeeein, ich bin eine Prinzessin!«**

Alexander (4), der vor kurzem einen Bruder bekommen hat, zur Erzieherin: »Weißt du, mein Papa kann meinen Bruder nicht so gut stillen wie die Mama.«

Joelina (6): »Papa? Warum hast du der fremden Frau gerade so auf ihren Po geschaut?«
Glück für Papa, dass Mama nicht in der Nähe war.

Jonathan (4) liegt in der Badewanne auf Mamas Bauch. Nach einer Weile sagt er: »Weißt du was?! Auf Frauen liegt man gut.«

**Max (5) spielt mit einer Erzieherin Fußball.
Max: »Mädchen können nicht so gut wie Jungs Fußball spielen!«
Die Erzieherin nimmt den Ball und schießt ihn hoch in die Luft.
Max: »Du schießt höher als mein Vater!«**

Die schwangere Tante erzählt Jakob (4) und Karla (5), dass der Arzt mit Ultraschall sehen konnte, dass es ein Junge wird.
Jakob: »Woran kann der das erkennen?«
Klara: »Ist doch klar, Mädchen haben Zöpfe.«

Steffi (5) ist mit Mama beim Augenarzt. Sie hat kurze Haare und spielt mit einem Jungen im Wartezimmer. Der Junge behauptet, sie wäre ein Junge.

Steffi: »Nein, ich kann dir das zeigen.«
Alle Erwachsenen im Wartezimmer inklusive Mama
schrecken kurz auf.
Steffi: »Guck doch, ich habe Ohrringe.«

**Nach dem Friseurbesuch gab's einen Luftballon.
Der Friseur sagt zu Theo (11): »Sorry, ich hab nur
einen in Rosa.«
Theo daraufhin: »Macht nix. Ich bin mir meiner
Männlichkeit bewusst.«**

Gespräch mit Mia (6), die sich fragt, warum früher die
Menschen (wie Oma, Uroma etc.) viel mehr Kinder hatten.
Papa sagt: »Das liegt auch daran, dass die Frauen nicht
arbeiten gegangen sind und ausschließlich Mutter und
Hausfrau waren.«
Mia: »Ja genau, wie eine Prinzessin – die hatte auch nichts
zu tun und saß nur auf ihrem Thron rum.«
Papa: »Na ja, so ähnlich ...«

Papa muss für drei Tage in den Außendienst.
Er fragt seinen Sohn Matteo (3): »Wer hat die Hosen
an, wenn Papa nicht zu Hause ist?«
Matteo: »Ich, Papa, aber nur kleine Hosen!«

Erzieherin zu Anita (3): »Wie heißt denn deine Mama?«
Anita: »Mama!«
Erzieherin: »Ja, was sagt denn dein Papa immer zu Mama?«
Anita überlegt einige Zeit, dann: »Ich hab kein Geld mehr!«

Maja (3): »Mama, der Vincent ist meine Freundin.«
Mama: »Aber der Vincent ist doch ein Junge. Dann ist er dein Freund.«
Maja: »NEIN! Jungs sind doof! Der Vincent ist ein Mädchen und meine Freundin.«

Mia (6) zur Klassenlehrerin: »Mama und Papa streiten oft, aber eigentlich haben beide nicht recht – da muss man sich doch nicht streiten.«

Mama parkt das Auto auf einem Familienparkplatz.
Leeloo (5) fragt, was das für ein Schild sei, und bekommt die Erklärung.
Auf dem Weg zum Geschäft: »Und was ist das für ein Zeichen?«
Mama: »Das ist ein Behindertenparkplatz.«
Leeloo: »Ach so ... also für Männer?!«

Amber (8) zu ihrer Freundin: »Wenn Mama sauer auf Papa ist, solltest du sie nicht deine Haare bürsten lassen ...«

Lina (3): »Papa ist ein Mann, und wir sind Menschen.«

Mama geht abends aus dem Haus – Mädelsabend.
Martin (5) abends zu Papa: »Ist die Mama jetzt weg?«

Papa: »Ja.«
Martin: »Und Lusia [große Schwester] auch?«
Papa: »Ja.«
Martin (3) reißt die Arme hoch und jubelt: »Yes –
Männerparty!«

Greta (5): »Wenn mein Papa von der Arbeit kommt,
und das Essen ist fertig, dann ist er ganz friedlich.«

Juanito (6) zum Erzieher: »Was machst du da?«
Erzieher: »Ich hole mir nur mein Wasser.«
Juanito ungläubig: »Du trinkst Wasser?«
Erzieher: »Ja.«
Juanito: »Männer trinken doch kein Wasser!«
Erzieher: »Ach nein? Was trinken Männer denn dann?«
Juanito: »Bier und Cola!«

Kira (4): »Küsst dein Papa eigentlich auch
mal andere Frauen?«
Jana (5): »Nee. Der ist doch nicht
lebensmüde!«

Emily (8): »Mamas kochen viel besser als Papas.«

Lenny (3) zu Mama: »Mama, nur Männer dürfen rauchen,
oder?«
Mama: »Nein, bevor du in meinem Bauch warst, hab ich
auch geraucht.«
Lenny: »Früher, als du noch ein Mann warst?«

Silas (4) schaut suchend auf die Schilder der öffentlichen Toiletten, geht dann gezielt zur Damentoilette und sagt laut: »DAS HIER ist für MENSCHEN, da müssen wir rein!«

Riccardo (6) in der Badewanne. Mama will ihn waschen, und da sein Duschgel leer ist, will sie ihres nehmen.
Daraufhin Riccardo: »Nicht, Mama, dann riech ich ja nach Frauen!«

**Ben (2) und Mama liegen krank auf dem Sofa. Mama zu ihm: »Ben, Mama ist kaputt …«
Ben denkt nach, läuft los, holt seinen Werkzeugkasten und reicht Mama einen Schraubenschlüssel.**

Mia (4) und Mama schauen fern. Es kommt eine Parfumwerbung mit Julia Roberts.
Mia: »Mama, die Frau ist schön. Und mit dem Öl wird man dann genauso schön!«

Emil (2) zu Mama, die eine Hose anhat und zur Damentoilette gehen möchte: »Mama, da darfst du nicht reingehen, du hast ja keinen Rock an …«

**Mama: »Milena, was ist der Papa, ein Mann oder eine Frau?«
Milena (3): »Eine Heulsuse.«**

Es hat geschneit, Mama und Papa holen die Kinder vom Kindergarten ab. Florian (3) möchte einen Schneeball werfen.
Papa: »Aber nicht auf Menschen werfen.«
Florian grinst: »Nee, nur auf Mama!«

Yannick (6): »Meine Schwester ist ein Mädchen.«

Julian (4) sieht seiner Tante staunend beim Wickeln der kleinen Cousine zu und fragt: »Wo ist denn da der Zipfel?«
Tante: »Nirgendwo, den haben Mädchen nicht. Nur Jungs haben einen Zipfel.«
Julian: »Nein, das stimmt aber nicht. Mein Papa hat nämlich auch einen!«

> **In der Nähe von Onkels Wohnort gibt es zwei Felsen, die Pater und Nonne heißen.**
> **Als er mit seiner Nichte Finja (5) daran vorbeifährt und ihr erklärt, wie die Felsen heißen, kommt nach einer kurzen Denkpause ganz trocken: »Die mit dem Loch ist bestimmt die Nonne.«**

Marc, Alex und Danny (alle 5) spielen Vater-Mutter-Kind.
Alex: »Ich bin der Vater, ich geh jetzt arbeiten!«
Marc schnell: »Ich bin das Kind!«
Danny: »Und ich bin der Hund!«
Mama fragt: »Und wo bleibt dann die Mutter?«
Danny: »Die ist gestorben, das ist aber nicht so schlimm, der Vater kann auch kochen!«

Papa zu Anita (4), die sich als Prinzessin verkleidet hat: »Ohh, ich möchte auch mal so hübsch sein wie du.«
Anita: »Das geht leider nicht, Papa, du bist ein Mann.«

Mona (5) mit Papa im Auto: »Gell, Papa, wenn die Mama nicht mitfährt, können wir beide schön schnell fahren ...«

Papa sieht sich Badehosen im Internet an, die von knackigen Männern getragen werden.
Mathea (9): »Was schaust du dir denn da an?«
Papa: »Badehosen.«
Mathea: »Ach so – ich dachte, du schaust nach Männern ...«

Religion, Glaube & Fantasie

Lena (5): »Ich möchte nie in den Himmel kommen. Dort sind die Dinosaurier, die sind ja auch gestorben.«

Im Gottesdienst sagt Julian (4) laut: »Herr, ich warne dich.« (Statt »Herr, erbarme dich«.)

Papa: »Und was hat euch die Pfarrerin heute im Kindergarten erzählt?«
Leif (5): »Ach, vom Abendmahl mit Jesus und seinen zwölf Junggesellen ...«

Janis (7): »Was ist denn heute eigentlich für ein Feiertag?«
Papa: »Mariä Empfängnis.«
Janis mit großen Augen: »Wieso war die Maria im Gefängnis?!«

Erik (5) sieht in der Kirche eine Statue mit Sandalen und sagt: »Schau mal, der Engel hat auch Flipflops.«

Gebet des kleinen Finn (4) am Abend:
»Lieber Gott, lass mich morgen mehr
Eiscreme essen als heute ...«

Ashley (7): »Mama, warum fallen Engel eigentlich nicht vom
Himmel? Haben die wirklich Flügel?«
Mama: »Schatz, das weiß ich auch nicht so genau.«
Ashley: »Stimmt, warum frage ich. Du bist ja auch kein
Engel.«

Jon (4) meint beim Abendessen nachdenklich:
»Wenn Gott nach den Menschen schaut, wer
schaut nach Gott?«
Nach einigen Minuten antwortet sein Bruder
Robert (6): »Ich denke, die Japaner ...«

Julie (4) sitzt mit ihren Eltern im
Kindergottesdienst in der zweiten Reihe und
hat einen guten Blick auf den Altar. Plötzlich
ruft sie laut: »Schau mal, Mama, der Mann
hat einen Eisbecher ...«

Mama ist sauer, dass ihr Sohn Ben (6) sich immer
zielsicher die schmutzigsten Stellen zum Spielen
aussucht: »Ben, kannst du dir nicht ein Mal eine saubere
Stelle zum Spielen aussuchen?«
Ben (6): » Wenn der liebe Gott nicht gewollt hätte, dass
wir im Dreck spielen, wieso hat er dann so viel davon
gemacht?«

Jean-Luca (6) sieht zum ersten Mal eine Frau in Burka und ruft ganz aufgeregt: »Schau mal, Papa, ein richtiger Ninja.«

Magda (7): »Warum hat Gott den Apfel in den Garten getan, wenn er doch nicht wollte, dass Adam und Eva ihn essen?«

Josefine (3) am Badesee. Der Bademeister ermahnt die Jugendlichen mit lauter Stimme über Lautsprecher, sich nicht gegenseitig ins Wasser zu schubsen.
Sie schaut ehrfurchtsvoll gen Himmel und fragt: »Mama, war das der liebe Gott?«
Mama schmunzelt und sagt ihr, dass das der Bademeister war.
Einen kurzen Moment später fragt Josefine dann ungläubig: »Ja, wohnt denn der im Himmel?«

Kevin (10): »Mein Klassenkamerad ist bei den Zeugen Casanovas.«

Daniel (4) findet im Nachtschränkchen des Hotelzimmers eine Bibel und fragt: »Wieso haben die hier ein Buch vom Roten Kreuz?«

An Papas 50. Geburtstag sitzen alle am festlich gedeckten Tisch im Restaurant.
Sebastian (8) zeigt auf sein Messer und fragt seine Mutter: »Ist der Griff aus Elfenbein?«

Sein kleiner Bruder Phillip (6), überrascht: »Gibt's Elfen überhaupt noch?«

Tina und Meike (beide 4) unterhalten sich über Gespenster.
Meike: »Gespenster gibt es wirklich, ich hab schon welche gesehen.«
Tina: »Gespenster gibt's doch gar nicht. Die sind doch schon ausgestorben!«

Pfarrerin im Kindergarten: »Warum werden denn beim Beten die Hände gefaltet? Habt ihr eine Idee?« Melina (5) antwortet prompt: »Damit uns Gott besser verstehen kann – das ist dann wie ein Handy.«

»Was bist du denn für ein Sternzeichen?«
Max (4): »Cowboy, ist doch klar!«

**Hanne (3): »Emily, rate mal, was ich für ein Sternzeichen bin!«
Emily (3): »Hexe!«
Hanne schüttelt den Kopf.
Emily: »Ich bin Meerjungfrau, ach nein, Fee.«**

Am Strand. Leon (3) zeigt Papa aufgeregt eine tote Möwe, die am Wasser liegt: »Papa, was ist mit dem Vogel?«
Papa: »Die Möwe ist gestorben und in den Himmel gekommen.«
Leon: »Und Gott hat sie wieder runtergeworfen?«

Emily (6) lauscht einer Bibelgeschichte, die die Pfarrerin vorliest. Diese sagt abschließend: »Alle Kinder sind ein Geschenk Gottes.«
Emily darauf, unüberhörbar: »Aber Jungs nicht!«

Adrian (6) sitzt bei einer Segnung in der Kirche mit seinen Eltern in der ersten Reihe. Als er einen Spritzer Weihwasser abbekommt, sagt er laut: »Pfui Teufel.«

Nicolette (3) sitzt bei einer Taufe in der Kirche neben ihrer Mama.
Plötzlich deutet sie auf die gekreuzigte Jesusfigur und fragt laut, so dass es alle inklusive Pfarrer hören können:
»Warum hat denn der da keine Socken an?«

Tiago (4) freut sich auf das St.-Martins-Fest im Kindergarten und sagt aufgeregt: »Papa, morgen ist Smarties-Fest.«

Mila (5) erklärt Mama die Bilder, die sie gemalt hat: »Das da ist Spiderman, und das da unten ist eine vergiftete Zuckerstange. Wenn man die isst …«
Eine lange Pause folgt, dann hebt Mila mit verengten Augen den Blick und sagt: » …dann ist man für immer und ewig tot!«

Linus (5) mit Zauberwürfel: »Mama, ich habe alle Farben durcheinandergemacht. Wann verwandeln sie sich wieder zurück?«

Lennart (6): »Mama, früher gab es Gott wirklich. Aber dann ist er geplatzt. Das nennt man Urknall.«

Lauriane (4) sagt, einen Tag nachdem ihr geliebter Opa gestorben ist: »Mama, weißt du, was ich heut in der Kita gesehen habe? Eine Menschenwolke! Ich bin mir sicher, das war Opa.«

Nicolas (4): »Mama, weißt du, warum es den Hälftenmond [Halbmond] gibt?«
Mama: »Nein, erzähl mal.«
Nicolas: »Weil die Frau Holle die andere Seite waschen muss!«

Miriam (6) während des Nachtischs am Mittagstisch: »Mama, weißt du, warum es Gott geben muss?«
Mama: »Nein, wieso?«
Miriam: »Sonst würde es ja nicht Götterspeise heißen.«

Pius (6) fragt: »Du, Mama, heute ist doch Ostern, oder?«
Mama: »Nein, heute ist Karfreitag.«
Pius: »Und was war am Karfreitag?«
Mama: »Am Karfreitag wurde Jesus ans Kreuz geschlagen.«
Pius, sehr mitfühlend: »Oh, das ist aber ärgerlich, so kurz vor Ostern!«

Mama und Joscha (8) unterhalten sich über Flüchtlinge, da zwei Flüchtlingskinder in Joschas Klasse gehen. Sie kommen so auf das Thema Krieg in Syrien.
Joscha: »Die sind ja echt blöd, wieso spielen die nicht Tip-Top?«

Phillip (6) hatte heute Religionsunterricht. Beim Mittagessen erzählt er: »Mama, weißt du eigentlich, Jesus ist immer unter uns.«
Sein kleiner Bruder Luis (3) bückt sich und schaut unter seinen Stuhl und sagt: »Hääääää … ich seh den gar nicht.«

Julie (6) zu Mama auf die Frage, was sie geträumt habe: »Ich kann dir nicht sagen, was ich geträumt habe – alle meine Träume werden in meinem Herzen eingeschlossen, bevor ich aufwache …«

An Karfreitag erklärt Mama Frieda (4) die Bedeutung von Ostern. Als sie später mit Papa unterwegs ist, fragt er sie: »Warum bist du so traurig?«
Frieda: »Na, weil Jesus tot ist, aber in zwei Tagen lebt er ja wieder, dann freu ich mich wieder!«

Sam (5): »Warum heißt es ›im Namen des Vaters und des Sohnes‹? Was ist mit der Mama und dem Bruder?«
Mama: »Es geht ja um Gott, den Vater, und Jesus, den Sohn.«
Sam: »Ja, aber wir reden ja hier wohl von mir, oder nicht?«

Auf der Rückfahrt von Urlaub wird im Radio durchgesagt, dass ein Geisterfahrer unterwegs ist. Luis (3) hört alles mit und sagt ängstlich: »Oh Gott, Mama, du hast doch gesagt, es gibt hier keine Geister.«

Beim Mittagessen meint Alex (5): »2017 wird die Erde untergehen!«
Mama: »Jaaa, das haben die schon oft gesagt ...«
Alex: »Das ist ja alles nicht schlimm, aber ... ich hab halt kein ›Seepferdchen‹.«

Liam (4) sieht ein Bild, auf dem Engel mit langen blonden Haaren sind, und fragt: »Mama, wieso sind die Engel eigentlich alle Frauen, was passiert denn mit den Männern im Himmel?«

Luis (4) ist mit Mama auf dem Friedhof, um das Grab der Uroma zu besuchen. Als sie gehen, ist es schon etwas dunkel, und weiter hinten stehen auf einem Grabfeld viele Kerzen.
Da bleibt Luis stehen, dreht sich um und ruft ganz erheitert: »Guck mal, Mami, die feiern 'ne Party!«

Alexander (4) ist mit seinen Eltern in der Kirche. Heute hält aber ausnahmsweise ein anderer Pfarrer den Gottesdienst.
Als er ihn sieht, fragt er: »Ist das der neue Gott?«

Adrian (6) sieht ein Bild von Jesus beim Abendmahl: »Wieso heißen die eigentlich Jünger? Die sind doch schon ganz alt …«

Vor Kurzem ist die Familienkatze Emmi gestorben. Ein paar Tage später erscheint ein Regenbogen am Himmel. Mama erzählt den Kindern, dass Emmi jetzt über den Regenbogen hinauf zum Himmel läuft und es ihr dort sehr gut gefallen wird. Ein paar Wochen später sehen sie wieder einen Regenbogen.
Luis (4) rennt zu Mama, zeigt auf den Regenbogen und ruft ganz aufgeregt: »Guck mal, Mama, jetzt kommt Emmi wieder runter!«

Mike (4) sieht Leute die Treppe zur U-Bahn runterlaufen und fragt mit ungläubigem Blick: »Wohnen die Menschen unter der Erde?«

Neela (5): »Papa, der Gott ist doch der Vater von allen Kindern, stimmt's?«
Papa: »Ja, wieso?«
Neela: »Na ja, dann ist er auch mein Vater, und weil Jesus sein Sohn ist, ist Jesus ja dann mein Bruder …«
Freudig hüpft sie davon.

Ida (3): »Mami? Irgendwann fallen meine Zähne raus. Dann kommt die Zahnfee und nimmt den Zahn mit und legt mir ein Goldstück hin. Du bist aber auch ein Goldstück, Mami.«

Sarah (5): »Wir müssen heute Nacht das Fenster auflassen.«
Draußen sind es minus fünf Grad ...
Papa: »Warum?«
Sarah: »Damit die Zahnfee auch ins Haus kommt.«

Schule & Kindergarten

Oma zu Isabelle (4): »Deine Mama hat in der Schule immer nur Einser und Zweier geschrieben.«
Isabelle: »Ach, das kann ich doch alles schon – da brauch ich gar nicht in die Schule.«
Oma: »Was kannst du alles schon?«
Isabelle: »Na, Einser und Zweier schreiben.«
Spricht's und malt ein paar Einsen und Zweien auf ein Blatt.

Max (6) wird nach dem ersten Schultag von Mama von der Schule abgeholt!
Auf die Frage, wie es denn war, meint er: »Das eine sage ich dir, ein Zuckerschlecken wird das hier nicht!«

Jakob (seit einem Monat in der ersten Klasse): »Bei den Mathehausaufgaben brauchst du mir nicht helfen – da bin ich eh besser als du.«

Taito (6) nach seinem zweiten Schultag:
»Du, Mami, ich glaub, ich werd ein Streber …«

Taito (6): »Mami, warum muss ich überhaupt in die Schule?«
Mami: »Damit du was lernst ...«
Taito: »Aber da brauch ich doch keine Schule, wir haben doch Google und Siri!«

Nach drei Wochen Schulbesuch verkündet Clara (6) eines Tages, dass sie morgen nicht in die Schule gehen werde (vermutlich wegen Langeweile im Unterricht).
Nach dem Hinweis auf die allgemeine Schulpflicht antwortet Clara empört: »Man kann doch ein Kind nicht zwingen, jeden Tag in die Schule zu gehen!«

Papa: »Mit wem spielst du denn in der Kita am liebsten?«
Nick (2): »Mit den Autos!!!«

Papa zu Ron (4): »Dein Kindergartenrucksack ist irre schwer! Was hast du da drin? Steine?«
Ron: »Ja!«

Am ersten Schultag erklärt der Klassenlehrer den Kindern: »Wenn einer von euch zur Toilette muss, dann meldet er sich mit zwei Fingern.«
Da meldet sich eine leise Stimme aus der hinteren Reihe: »Und was soll das helfen?«

Papa: »Und, habt ihr in Kunst heute was Schönes gemacht?«
Paul (7): »Nein, wir mussten selber malen.«

Oskar (6) kommt am ersten Schultag nach Hause:
»Ich geh nicht mehr in die Schule!«
Mama: »Warum?«
Oskar: »Jetzt war ich den ganzen Tag in der Schule
und kann immer noch nicht lesen.«

**Erzieherin: »Ich bin schon 14 Jahre im Kindergarten.«
Marcel (4), ungläubig: »Waaaas, und wann kommst du in
die Schule?«**

Auf dem Weg vom Kindergarten nach Hause.
Mama: »Na, Sara, wie war's im Kindergarten?«
Sara (5): »Mama, konzentrier dich bitte auf die Straße!«
Mama: »Wie bitte? Ich wollte ja nur wissen, was du heute
gemacht hast!«
Sara: »Manno, sogar beim Fahren müssen wir immer
diskutieren … Kann das nicht wenigstens warten, bis wir zu
Hause sind??«

**Robert (8) bekommt in der zweiten Klasse eine
Textaufgabe, bei der er selbst die Aufgabenstellung
herausfinden muss. Der Text lautet: Maria und Jan
erhalten zur Hochzeit folgende Geschenke: eine
Kaffemaschine für 50 Euro, einen Toaster für 40 Euro,
Besteck für 100 Euro und einen Staubsauger für 80
Euro.
Robert schreibt als Lösung: »Maria und Jan bedanken
sich bei allen recht herzlich.«**

Nach dem Schwimmunterricht für
Erstschwimmer holt Mama Isabel (4) ab.
Mama: »Wie war es?«
Isabel (guckt ganz traurig hoch): »Keine
Delphine …«

Ben (3) ist auf dem Spielplatz, an den ein Tierpark angrenzt.
An der Rutsche ist ein Werbeaufkleber des Tierparks
angebracht, auf dem ein Reh zu sehen ist.
Ben betrachtet konzentriert den Aufkleber und sagt: »Ich
weiß, was da steht, Mama.«
Mama: »Ach ja, was denn ?«
Ben: »Da steht, dass Ziegen nicht rutschen dürfen.«

Lina (4): »Heute war unsere Erzieherin nicht
da, die musste heute arbeiten …«

**Hannah (4), die morgens immer ziemlich müde ist,
sagt eines Tages: »Ich geh nicht mehr in den
Kindergarten! Die im Kindergarten und du, ihr
müsst euch ein neues Kind dafür suchen.«
Mama: »Warum das denn?«
Hannah: »Da muss man immer so früh aufstehen.
Dafür bin ich nicht geeignet, weil ich dafür nicht
ausgestattet bin.«**

Mama fragt Luca (4): »Gehen die Jungs im Kindergarten
alleine auf die Toilette?«
Luca: »Die Jungs gehen alleine, die Mädels mit mir!«

Hugo zu seiner Mutter: »Der Achim hat mein Schulbrot auf den Boden geworfen.«
Mutter: »War es mit Absicht?«
Hugo: »Nein, mit Käse.«

Juliane (5) macht mit Papa Kopfrechenaufgaben.
Papa: »Du hast drei Äpfel und drei Menschen. Wie viele Äpfel bekommt jeder?«
Juliane: »Einen.«
Papa: »Richtig. Nun hast du sechs Äpfel und drei Personen. Wie viele Äpfel bekommt nun jeder?«
Juliane: »Auch einen. Die restlichen waschen wir und machen Apfelkuchen!«

Marlene (4): »Mama, guck mal, ich schreibe gerade was!«
Mama: »Ja? Was schreibst du denn?«
Marlene: »Weiß ich nicht, ich kann ja noch nicht lesen!«

Lea (4): »Oma, ich möchte eine Brille haben.«
Oma: »Du brauchst doch keine Brille, du siehst noch sehr gut.«
Lea: »Aber ich will auch lesen können.«

Im Museum unterhalten sich Jonah (5) und Mama über Dinosaurier und deren Gewicht und Größe. Mama erklärt Jonah, dass eine Tonne 1000 kg entsprechen.
Daraufhin Jonah: »Und eine volle Tonne?«

Opa zu Klara (3): »Gibt es in deinem Kindergarten auch Zwillinge?«
Mama: »Du weißt noch gar nicht, was Zwillinge sind, oder?«
Klara (empört): »'türlich weiß ich, was das ist.«
Opa: »Und? Was sind Zwillinge?«
»Das sind Kinder mit der gleichen Strumpfhose und gleichem Pulli, gell, Mama?«

Papa liest aus einem Pferdebuch vor: »Ein Pferd kann Schritt, Trab und Galopp.«
Mia (5): »Es gibt aber auch Hüa ...«

Im Kindergarten.
Sophie (3) zu Dana (4): »Du bist heute schön angezogen!«
Dana: »Das bin ich immer!«

Oliver (5) zu Nils (4) beim Frühstück im Kindergarten: »Mit drei, da hab ich dich auch gekannt, da hast du noch mehr Unsinn gemacht.«

Tom (4) findet abends einen Einwegrasierer von Papa und schneidet sich damit leicht in den Daumen.
Am nächsten Tag im Kindergarten erzählt er seinem Freund Alex (3) davon.
Der meint: »Mein Opa rasiert sich auch manchmal am Popo.«

Im Kindergarten wird über Hygiene gesprochen.
Auf die Frage, wie oft die Kinder ihre Unterwäsche wechseln, meint Marina (4): »Ich wechsel meine Schlüpfer immer mit meinem Bruder.«

Mama bringt Irina (4) zum Kindergarten, es ist Winter und noch dunkel.
Irina fragt ganz erstaunt: »Warum fahren wir mitten in der Nacht zum Kindergarten?«

Michael (3) läuft durch den Kindergarten und singt: »Wer baggert da so spät noch am Baggerloch? Das ist Bodo mit dem Bagger, und der baggert noch.«
Die Erzieherin fragt ihn: »Wer singt das denn? Mike Krüger?«
Michael: »Nee, mein Papa.«

Beim Betreten des Kindergartens liest Mama an der Tür: »Läusebefall.«
Mama sagt zu Kimberly (4): »Weißt du, was es zur Zeit hier im Kindergarten gibt?«
Kimberly: »Nein, was denn?«
Mama: »Läuse!«
Darauf Kimberly: »Gibt es die zum Mittag?«

Milan (7) nach wenigen Wochen in der Schule: »All das Schlechte, was ich über Mathematik gehört habe, es ist alles wahr …«

Alisons (14) Idee für ihr Schülerpraktikum: »Ich könnte ja zu Oma und Opa gehen und mir ansehen, wie das Leben als Rentner so ist.«

James (4) hat im Kindergarten eine Mütze an, die aussieht wie ein Drache.
Erzieherin: »Die Mütze ist ja der HAMMER.«
James kopfschüttelnd: »Nee, das ist doch ein Drache, siehst du das nicht?«

Marie (4): »Wir fliegen nach Spanien.«
Erzieherin: »Ich möchte auch soooo gerne nach Spanien fliegen.«
Marie: »Komm doch mit. Ich sag meiner Mama, dass du mitkommst. Dann sind wir drei Erwachsene und zwei Kinder.«

Derik (4) trifft auf dem Jahrmarkt einen ausländischen Jungen, der mit ihm in den Kindergarten geht. Später fragt Mama: »Wo kommt er denn her?«
Derik: »Na, aus dem Kindergarten.«

Milos (4): »Schau mal, Mama, ich zähle jetzt rückwärts.« Rückwärts laufend fängt er an zu zählen: »Eins, zwei, drei, vier …«

Papa zu Keanu (4): »Wenn du das Holzschwert mit in den Kindergarten nehmen möchtest, musst du mir versprechen, keine anderen Kinder damit zu hauen.«
Keanu: »Dann kann ich es ja gleich hierlassen …«

Mara (3) möchte sich im Kindergarten erstmalig verabreden. Sie sagt zu Mama: »Mama, das ist Jonas. Wir möchten uns verabreden. Er wohnt auch in Deutschland!«

Mama zu den Erzieherinnen beim Abholen: »Tschüss, schönen Feierabend.«
Leonie (2): »Mama, ich will nicht gehen, ich will mitfeiern!«

Früh am Morgen sagt Mama: »So, nun müssen wir uns anziehen, wir müssen in den Kindergarten.«
Matilda (2) antwortet ganz gelassen: »Nein, da waren wir schon. Haben ›tschüss‹ gesagt.«

Mama und Sarah (3) sehen im Supermarkt an der Nachbarkasse eine Erzieherin aus dem Kindergarten. Sarah sieht sie ganz entsetzt an und fragt: »Mama, was macht Marion jetzt?«
Mama: »Sie geht jetzt bestimmt nach Hause.«
Sarah, entgeistert: »Nein!! Sie wohnt doch im Kindergarten, hast du das nicht gewusst?«

Theo (3) spielt mit ein paar Kindern, als die Erzieherin ihn zum Windelwechseln ruft. Darauf er zu seinen Freunden: »Auch ein Kapitän muss mal gewickelt werden.«

Im Kindergarten sagt Ben (3) zur Erzieherin: »Weißt du, wenn meine Mama mich gleich abholt und du dann weinst, musst du nicht traurig sein, ich komme ja morgen wieder.«

Anna-Lena (5) kommt ganz aufgeregt aus dem Kindergarten: »Mama, Mama, du sollst unbedingt gucken, ob ich Blattläuse habe!« (Es gab einen aktuellen Fall von Kopfläusen im Kindergarten.)

Tagesplanung im Kindergarten.
Greta (5) mischt sich in das Gespräch mit ein: »Wir können doch zum Strand fahren.«
Erzieherin: »Wo ist denn hier ein Strand«?
Greta: »NORDSEE!«
Erzieherin: »Oh, meinst du, das schaffen wir von 10:30 bis 12 Uhr?«
Greta: »Wir können doch mit dem Bus fahren!«
(Sie wohnen im tiefsten Sauerland.)

Fiona (4) bei einer Theatervorführung in der Kita: »Kannst du mal bitte zurückspulen, ich habe was verpasst!«

Mama will Mira (6) bei den Hausaufgaben etwas erklären.
Mira: »Das kannst du doch gar nicht wissen, du bist doch gar keine Lehrerin!«

Nelson (6) kurz vor der Einschulung: »Hoffentlich schicken die mich nicht wieder zurück in den Kindergarten!«
Oma: »Wie kommst du denn darauf?«
Nelson: »Ich hab doch noch alle Zähne, es wackelt nicht mal einer!«

Joel (8) macht Hausaufgaben. Er soll Wörter laut
sagen und Silben klatschen, z.B. Wurst.
Er klatscht und spricht:
»Wu-hu-hurst.«

Mama zu Oskar (6): »Und, freust du dich auf die Schule?«
Oskar reißt die Arme hoch und jubelt laut: »Jaaaa!«
Mama: »Worauf freust du dich am meisten?«
Oskar: »Auf die Pausen!«

Lars (6) ist seit Kurzem in der Schule. Er wird
von Opa gefragt: »Welches ist denn dein
Lieblingsfach?«
Lars: »Rebellion.«
(Er meint »Religion«.)

**Marius (2) im Kindergarten: »Alle Kinder sind
abgeholt, jetzt muss die Elke [Betreuerin] alleine
weiterspielen.«**

**Ein paar Kinder veranstalten im Gruppenraum ein
Riesenchaos.
Erzieherin: »Warum liegt hier so viel auf dem Boden?«
Vivien (4), ganz ernst: »Ja, das wissen wir selbst nicht.«**

Nicholas (8): »Wenn Lehrer alt werden,
so über 50, dann haben sie immer
schlechte Laune.«

Mesut (7) soll in ein Freundebuch einer
Klassenkameradin schreiben.
Unter anderem wird gefragt: »Was magst du an mir?«
Mesut: »Dass du schon so viele Zähne raus hast!«
Mama und Mesut haben dann doch geschrieben, dass
sie lieb und nett ist.

Die Kindergartengruppe fährt im Bus zum
Zoo.
Dennis (5) schreit: »Wir steigen auuus!«
Erzieherin: »Dennis, schrei doch noch
lauter.«
Dennis schreit noch lauter: »WIR STEIGEN
AUUUSS!«

**Phil (5): »Du, Mama, woher kommt eigentlich
Sand?«
Sein kleiner Bruder Stanley (3): »Aus der Kita.«**

Papa hilft Nils (8) bei den Mathehausaufgaben.
Nach etwa fünf Minuten meint Nils: »Hol mal Mama, die
erklärt das nicht so streng ...«

Carlo (7) nach der Schule: »Heute waren die
bunten Jugendspiele ...« (Bundesjugendspiele)

Weihnachten & Geschenke

**Mia (6), nachdem Papa ihr erklärt hat, dass
sonntags – mit wenigen Ausnahmen, zum Beispiel
im November – die Geschäfte geschlossen sind:
»Ist doch klar, dass vor Weihnachten die Geschäfte
offen sind, denn da kommen immer viele Gäste,
und da muss man mehr Essen einkaufen …«**

Miriam (4) bekommt zum Geburtstag einen
Spielzeugstaubsauger von Oma und Opa
geschenkt. Ihre Reaktion: »Danke, brauch ich
nicht, wir haben einen Großen …«

Der Nikolaus besucht den Sportverein und sagt mit tiefer
Stimme: »Von drauß' vom Walde komm ich her …«
Nils (4): »Und ich komm aus Hamburg …«

Zum dritten Geburtstag bekommt Silas ein Laufrad
geschenkt.
Zuerst setzt er den Helm auf, steigt dann auf den
Sattel, schaut nach unten und ruft begeistert: »Schau
mal, Mami, ich hab einen Ständer!!«

Mama singt mit Karla (2) »Backe, backe
Kuchen«.
Mama: »Backe, backe Ku…«
Karla: »…chen.«
Mama: »Der Bäcker hat ge…«
Karla: »…burtstag!«

Raoul (4) sitzt mit seiner Familie im Restaurant beim
Brunch. Die Kellnerin kommt an den Tisch.
Papa zu Raoul: »Hast du auch noch einen Wunsch?«
Es dauert eine Weile, bis Raoul antwortet: »Einen Hund.«

**Gabriel (5) auf die Frage, was er sich zum
Geburtstag wünsche: »Eine Sonnenfinsternis.«**

Es schneit Anfang Oktober.
Lukas (3) kommt freudestrahlend angerannt und sagt
aufgeregt: »Mama, es schneit, bald kommt der Nikolaus!«
Mama: »Nein, das dauert noch ein bisschen, vorher hast
du zum Beispiel noch Geburtstag.«
Lukas energisch, mit verschränkten Armen: »Doch,
Mama, das weiß ich ganz genau, wenn es schneit, dann
kommt bald der Nikolaus.«

Alina, (3) am Freitag nach dem Kindergarten:
»Mama, ich hab dir ein Geschenk gebastelt für
Weihnachten. Es ist eine Tasse, aber ich darf es
nicht verraten!«

Fabian hat zu seinem dritten Geburtstag einen Plüschelefanten geschenkt bekommen.
Als Opa und Oma zu Besuch sind, fragt Opa: »Ist der Elefant aus Afrika oder aus Indien?«
Fabian antwortet mit Unverständnis im Blick: »Der ist aus Stoff.«

Enno (6): »Mama, du rätst nie, dass ich dir eine Tasche zu Weihnachten schenke …«

Mia (4), einen Tag vor Ostern: »Mama, wenn du den Osterhasen siehst, sag dem bitte, er soll das nicht so schwer verstecken, ich hab keine Lust, den ganzen Garten abzusuchen.«

Beim Osterfrühstück betrachtet Levin (3) die gefärbten Eier und sagt: »Orange ist so 'ne Art Rosa.« Zwei Minuten später: »Orange ist so 'ne Art Gelb.«

Joshua (3) sieht einen beleibten, bärtigen Obdachlosen, der ganz viele Tüten zu einem Berg gestapelt auf seinem Fahrrad transportiert, und ruft laut: »Sieh mal, Mama, da ist der Weihnachtsmann!«

Lilli zu ihrer Freundin Jana (beide 6): »Ich wünsch mir zu Weihnachten einen Hund.«
Darauf meint Jana: »Das geht nicht, Hunde kann das Christkind nicht verpacken!«

Franziska (4) packt Geschenke aus und sagt danach: »Wieso hat der Weihnachtsmann so viel gebracht, was ich mir nicht gewünscht habe?«
Papa: »Willst du es denn wieder zurückgeben?«
Franziska: »Was ich ausgepackt habe, das behalte ich auch.«

Vatertag. Julia (8): »Mama, was schenkst du Papa eigentlich heute?«
Mama: »Eine liebe Frau.«
Julia überlegt und fragt dann verschmitzt: »Und wo willst du die jetzt noch herbekommen?«

Alexander (3) wird gefragt: »Wer bringt dir denn zu Weihnachten deine Geschenke? Das Christkind oder der Weihnachtsmann?«
Alexander: »Beide natürlich, das Christkind kann ja nicht so schwer tragen!«

Viola (4): »Mama, das mit dem Nikolaus, das glaube ich nicht, der ist nicht echt. Aber das mit dem Christkind, das glaube ich schon, weil du würdest mir nie so viel schenken!«

Lenn (5): »Ich weiß, wo der Schnee herkommt.«
Papa: »Woher denn?«
Lenn: »Vom Weihnachtsmann.«
Papa: »Nee, von Frau Holle.«
Sohn: »Ach Quatsch. Frau Holle gibt es doch gar nicht!«

Anna kurz vor ihrem vierten Geburtstag: »Oma, hast du mir schon Geschenke gekauft?«
Oma: »Ja!«
Anna: »Und wo sind die?«
Oma: »Im Schrank!«
Anna: »Soll ich dir beim Einpacken helfen?«

Florian (6): »Mama, was wünschst du dir zum Geburtstag?«
Mama: »Gaaaanz liebe Kinder.«
Florian: »Liebe Kinder? Ich mal dir lieber ein Bild!«

Am zweiten Weihnachtstag überreicht die Tante ihrer Nichte Marja (5) ein Geschenk mit dem Kommentar: »Das hat das Christkind aus Versehen bei uns unter den Baum gelegt. Da steht aber dein Name drauf.«
Marja: »Ja, ich weiß, das macht es immer so!«

Ian (4) hat einen Rettungshubschrauber samt Besatzung geschenkt bekommen. Oma fragt: »Ist das ein Mann oder eine Frau?«
Ian genervt: »Oma, das ist Playmobil.«

Florian (5): »Mama, du hast ja morgen Geburtstag, bin ich vorher nochmal im Kindergarten, um dir was zu basteln?«
Mama: »Nein.«
Florian: »Dann muss ich dir nachträglich gratulieren.«

Mama fragt Papa: »Hast du den Weihnachtsbaum schon gegossen?«
Darauf Papa: »Nein, noch nicht.«
Wilhelm (5) hört das und sagt: »Papa, wenn du den Weihnachtsbaum nicht gießt, dann wächst er auch nicht mehr!«

Mama: »Zu Ostern gibt es aber nur gaaanz kleine Geschenke.«
Oliver (10) verschmitzt: »Die iWatch von Apple ist zum Beispiel ganz klein ...«

Emilia (5) wird zu Weihnachten von ihrem Onkel gefragt: »Emilia, was steht denn ganz oben auf deinem Wunschzettel?« Darauf Emilia: »Emilias Wunschzettel.«

Jill (5): »Mama! Ich möchte ein Klavier zu Weihnachten haben.«
Mutter: »Ein Klavier?! Da leihen wir besser erstmal eins, die sind richtig teuer.«
Jill: »Deswegen wünsch ich mir das doch zu Weihnachten! Weil, dann musst du das nicht bezahlen.«

Mama zu Luay (3): »Deine Schuhe sind schmutzig, die musst du mal wieder putzen.«
Luay freudestrahlend: »Morgen kommt also wieder der Nikolaus?«

Davids dritter Geburtstag. Er macht seine Geschenke auf. Als er die Regensachen für den Kindergarten auspackt, sagt er ganz empört: »Das ist kein Geschenk, das sind Anziehsachen!«

Lena (6) hat fast alles aus dem Spielzeugkatalog angekreuzt.
Mama: »Das kannst du aber nicht alles zum Geburtstag bekommen.«
Lena: »Es kommt ja auch noch Weihnachten ...«

Mia (7) vor dem Nikolaustag: »Ich hab extra zwei Schuhe geputzt, damit mehr reinpasst.«

Mia (7) vor dem Nikolaustag: »Wenn der Weihnachtsmann die Kekse heute Nacht isst und mir dafür nix dalässt, dann geb ich ihm nie wieder Kekse.«

Emma (5) sieht am Nikolausmorgen ihre Stiefel und ruft: »Mamaaaa! Schau mal! Der Nikolaus hat gedacht, ich war lieb!«

Mama sagt zu Phillip (6) und Luis (4): »Oh, gleich kommt ›Santa Claus‹ im Fernsehen, möchtet ihr das gucken?«
Beide Kinder sind begeistert. Mama geht kurz in die Küche und macht sich einen Kaffee.
Als sie wiederkommt, sitzt Luis schon ungeduldig auf dem Sofa und ruft: »Maaamaa, wann kommt denn jetzt der bunte Klaus?«

Alexander (3): »Mama, ich hab meine Schuhe geputzt, kommt jetzt der Micky Maus [Nikolaus] und packt da was rein?«

Nico (4): »Mama, wie kann denn der Weihnachtsmann ohne Schnee mit dem Schlitten zu uns kommen? Ach, ich weiß, der fliegt ja mit Rudolf!«

Zum Nikolaus sollen Lasse (9) und Jasmin (6) ihre Schuhe putzen. Plötzlich rennt Jasmin in ihr Zimmer, holt aus dem Schrank die neuen, noch zu großen Gummistiefel und sagt: »Die sind noch sauber, und da passt was rein!«

Johann (4) zu seinem Bruder Tobias (5): »Woher weiß der Weihnachtsmann alles über uns?«
Tobias: »Ich glaube von Gott, weil der sieht alles, was wir machen.«

Zweiter Weihnachtstag. Luke (5) wird von der Patentante gefragt: »Welche Farbe hat denn euer Baum?« (Sie meint natürlich den Baumschmuck.)
Luke, ganz trocken: »Wie immer grün.«

Miriam (5) ist mit der Kindergartengruppe in der Kirche beim Krippenspiel.
Die Pastorin fragt: »Wisst ihr denn, warum wir überhaupt Weihnachten feiern?«

Miriam reißt wie einige andere Kinder die Hand hoch und ruft: »Ja.«
Die Pastorin nimmt sie dran, und Miriam sagt: »Weil uns der Weihnachtsmann da tolle Geschenke bringt!«

> Elias (5) fragt an Silvester: »Darf ich noch eine Zündkerze haben?«
> (Er meint eine Wunderkerze.)

24. Dezember: Katholische Familien-Weihnachtsmesse mit Krippenspiel. Der Pfarrer beginnt den Gottesdienst mit »Im Namen des Vaters und des Sohnes und des Heiligen Geistes …« Jakob (5), laut: »Und der anderen Geister …«

> Vorweihnachtszeit im Kindergarten ist ganz schön anstrengend!
> Niklas (5): »Mama, ich habe so viele Geheimnisse im Kopf, der ist schon ganz schwer!«

**Mama: »Was wünschst du dir denn zum Geburtstag?«
Sebastian (6): »Eine Scheide zum Reinstecken!«
Mama, entsetzt: »Wie bitte?«
Sebastian: »Na, für mein Schwert …«**

Niklas (5) bekommt neue Schuhe.
Auf die Frage, ob er sie gleich anbehalten möchte, antwortet er: »Ach nein, die sind so sauber, die benutz ich als Deko!«

Maja (3) betrachtet am 30.11. ihren Adventskalender: »Was ist das?«

Mama: »Ein Adventskalender. Da dürft ihr ab MORGEN jeden Tag ein Türchen öffnen, bis Weihnachten.«

Am 1.12. fragt Maja: »Ist jetzt MORGEN?«

Mama: »Ja, jetzt darfst du!«

Abends Maja erneut: »Ist jetzt wieder MORGEN?«

Mama: »Nein, du hast ja noch nicht geschlafen.«

Am 2.12. fragt Maja: »Ist jetzt MORGEN?«

Mama: »Ja, jetzt darfst du wieder ein Türchen öffnen.«

Als Papa von der Arbeit kommt, ruft Maja ihm begeistert entgegen: »Papa! Jetzt war schon zweimal MORGEN!«

Mama: »Komm, wir proben schon mal für die Weihnachtsfeier im Kindergarten. Ich bin jetzt mal der Weihnachtsmann: Ho, ho, ho! Na, junger Mann, warst du denn auch artig dieses Jahr?«

Silas (5) »Nö.«

Mama: »Hast du ein Lied oder ein Gedicht für mich?«

Silas: »Pff!«

Mama: »Tja. Für dich gibt's dann wohl kein Geschenk!«

Silas: »BLÖDMANN!«

Jonas (10):« Ich glaube, der Gott macht die Zeit bis Weihnachten langsamer.«

Mama: »Meinst du?«

Jonas: »Ja, ist doch so, Mama. Die Uhr geht viel langsamer als sonst.«

Felix (5) schaut an Nikolaus in seinen Stiefel und ruft aufgeregt: »Mama, Mama, guck mal, der Nikolaus war da!«
Dann inspiziert er sehr genau alles, was in dem Stiefel drin ist, und sagt skeptisch: »Hmm, Mama, aber was sehr komisch ist, der Nikolaus kauft auch bei Lidl ein ...«

Alltag & Sonstiges

Daniel (8) begleitet Mama zum Arzt und muss mal zur Toilette, während sie im Wartezimmer warten.
Später beim Abendessen sagt er: »Auf der Toilette beim Arzt gab es so ein Türchen und einen Becher und einen Stift!«
Mama: »Ja, das stimmt, weißt du auch, wozu?«
Daniel: »Klar, ich hab's gelesen, das stand ja da, und dann hab ich das auch gleich mal ausprobiert!«

Marie (4): »Wie kann der Sandmann überhaupt singen, wenn er keinen Mund hat?«

> An einem eher kühlen Tag geht eine Frau mit ihrer kleinen Tochter und ihrem Hund an Mama und Emilia (3) vorbei.
> Mama: »Die gehen heute ärmellos, die haben ja einen Vogel.«
> Emilia: »Nein, einen Hund.«

Ken (7) möchte ein Spiel im Internet spielen.
Papa: »Ich erlaube es nicht, außerdem bräuchtest du ein Passwort.«

Ken, ganz aufgeregt: »Das Passwort kenn ich, das ist immer ›*******‹!«

Chany (4) ist zu Besuch bei ihrer Nachbarin Sarah (9), die gerade Technomusik hört.
Nach mehreren Technobeats meint Chany:
»Saraaaaahhhh, die CD hängt ...«

Randy (5) will sich im Pool mit der Wasserpistole in den Mund spritzen.
Mama will ihn stoppen: »Nicht, das ist Chlorwasser.«
Darauf Randy, mit großen Augen: »Wir baden hier in KLO-wasser?«

Karl (4) zu seinem tätowierten Onkel: »Und wenn wir im Urlaub sind, dann nehm ich mir gaaaanz viel Zeit für dich, und dann wasch ich dir deine Bilder ab!«

Die Mama von Chantalle (6) bietet mir eine Zigarette an. Ich lehne dankend ab und füge noch hinzu, dass ich Nichtraucher bin.
Daraufhin fragt mich Chantalle: »Und warum hast du dann einen Balkon?«

Sandra (8) sieht seit längerer Zeit mal wieder mit ihren Eltern die Sendung »Wetten, dass ...«.
Mittlerweile moderiert Markus Lanz die Sendung.
Sandra, enttäuscht zu ihren Eltern: »Papa, wo ist denn der Haribo-Verkäufer, der das sonst immer macht?«

Ramona (5) geht mit ihrer Mama in einem chinesischen Markt einkaufen. Als ihr der Verkäufer einen Glückskeks schenken möchte, sagt sie: »Nein danke, da ist Müll drin.«

Maik (6) beschwert sich nach der Zeitumstellung darüber, dass er ins Bett soll, obwohl es draußen noch hell ist.
Mama: »Es ist so spät wie immer.«
Maik: »Es ist aber sonst dunkel, und nun ist es noch hell.«
Mama: »Wir haben die Uhr umgestellt – das ist dann so.«
Plötzlich rennt Maik ins Wohnzimmer, zeigt auf die Uhr und sagt: »Warum, die steht immer noch da!«

Bei Kaffee und Kuchen unterhalten sich die Erwachsenen über Musik, und es fällt der Name »Beethoven«.
Daraufhin meldet sich Daria (3) ganz begeistert zu Wort: »Beethoven, den kenn ich!«
Beeindrucktes Schweigen unter den erwachsenen Gästen.
Daria: »...das ist doch der Hund!«

Caro (5) steht im Modegeschäft vor einem Kleiderständer mit Jeans im »used look«. Plötzlich sagt sie: »Mama, wir müssen woanders hin ... die haben nur kaputte Hosen.«

Nico (6) sieht einer jungen Straßenmusikerin zu, die in der Fußgängerzone recht passabel Geige spielt.
Als das Mädchen eine kurze Pause einlegt, fragt er sie: »Darfst du daheim nicht üben?«

Geburtstagsparade der Queen im Fernsehen.
Oskar (3): »Wo ist denn die Königin?«
Mama zeigt sie ihm.
Oskar: »Das ist doch nicht die Königin.«
Mama: »Nein? Wer ist das denn dann?«
Oskar: »Das ist eine alte Frau!«

Phillip (4) sieht ein Auto, an dessen Kühlerhaube ein Hufeisen montiert ist.
»Papa, guck mal, der ist gegen ein Pferd gefahren!«

Mama fährt mit Thore (5) im Auto.
Thore vom Rücksitz: »Mama, überhol doch das Auto da vorne.«
Mama zeigt auf das Überholverbotsschild: »Hier darf man nicht überholen.«
Thore: »Aber wir haben doch kein rotes Auto ...«

Theresa (5) fragt Papa, ob er eigentlich alle Verkehrszeichen kenne. Papa sagt, dass er denke, nicht alle, aber die meisten zu kennen.
Theresa: »Welche kennst du denn zum Beispiel nicht?«

Mia (3) steht mit Papa im Auto an der roten Ampel.
Papa: »Wann machen die denn endlich grün da vorne?«
Mia, genervt von der Rückbank: »Ohh Papa, das geht doch von alleine ...«

Das Gepäck ist auf dem Urlaubsrückflug nicht mitgekommen.
Papa erklärt Lukas (6): »Unsere Koffer sind nicht da, aber das ist nicht so schlimm. Wenn die morgen zum Beispiel gefunden werden, bringen sie uns die hinterher.«
Lukas (ungläubig): »Eeeeeecht? Zu uns nach Hause?«
Papa: »Ja!«
Lukas: »Wo wollen die denn da landen?«

Magdalena (4) zeigt im Urlaub in Italien auf einen Mann: »Schau mal, Papa, der ist erwachsen und kann immer noch kein Deutsch.«

Mia (5) schreibt »Mia ent Mi« auf einen Zettel, den (phonetischen) Titel einer Kinderserie. Als Papa ihr erklärt, dass »Mia and me« Englisch ist und etwas anders geschrieben wird, meint Mia gelassen: »Na und, das kann man doch auch auf Deutsch schreiben.«

Mama und Laura (4) hören im Radio eine Nachricht über den Anteil von Veganern in der Bevölkerung.
Mama fragt Laura (4) scherzhaft: »Laura, was meinst du, sollen wir auch Veganer werden?«
Daraufhin antwortet Laura empört: »Nein, ich will in Deutschland bleiben!«

Edgar und Arthur (beide 7) bauen im Kinderzimmer Türme mit Klötzen.
Edgar: »Ich baue den Eiffelturm von Pisa!«
Arthur: »Der steht doch nicht in Pisa, der steht in der Eifel!«

Carlotta (4): »Die Lia fährt nach Afrika in den Urlaub. Aber da hat sie doch gar nichts zu essen, weil in Afrika haben die Menschen doch kein Essen ...«

Papa verkauft seinen Fernseher an ein paar Polen, die kaum Deutsch sprechen.
Felix (6): »Wieso nehmen die den mit? Die verstehen doch eh nix, unser Fernseher spricht doch nur Deutsch ...!«

Papa klebt Jonas' gebrochenes Piratenschwert mit Superkleber wieder zusammen. Einen Tag später bricht es wieder auseinander.
Jonas, sauer: »Und wieso heißt es dann Superkleber, wenn der nicht super klebt?«

Sophie (3) wartet mit Papa am Bahnhof auf den Zug, in dem Mama sitzt. Plötzlich muss Sophie zur Toilette. Papa fragt: »Kannst du noch zwei Minuten aushalten? Dann kommt die Mami.«
Daraufhin Sophie: »Wieso? Hat sie denn ein Klo dabei?«

Emma (4) beim Friseur.
Die Friseurin fragt: »Sollen wir dir einen Pony
schneiden?«
Emma darauf ganz begeistert: »Ja, ja!«
Sie überlegt einen Moment und sagt dann: »Oder
doch lieber einen Löwen ...«

Mia (6) fährt mit Papa im Auto.
Papa reicht ihr eine »Wir kaufen Ihr Auto«-Werbekarte nach
hinten, die am Auto steckte, und sagt: »Auf der Karte steht,
dass jemand unser Auto kaufen möchte.«
Mia: »Aber wie hat er die Karte an unser Auto gemacht?«
Papa: »Einfach außen zwischen Tür und Scheibe gesteckt.«
Mia, erstaunt: »Aber das Auto ist doch so schnell ...«

**Malte (4) beim Friseur. Er sieht, dass die
Friseurin Tattoos hat, und fragt: »Warum
hast du so viel Tattoos?«
Sie: »Weil ich die schön finde.«
Er: »Okay ... willst du gar nicht wissen, ob ich
welche habe?«**

Opa zeigt Fotos aus dem London-Urlaub. Pavel (5) deutet
fragend auf ein rotes Häuschen.
Opa erklärt: »Das ist ein Telefonhäuschen.«
Pavel, überrascht: »Telefonhäuschen? Die gehen zum
Telefonieren in solche Häuschen? Haben die in London
keine Handys?«

Mama: »Du musst mit rechts schneiden, weil du Rechtshänder bist. Aber es gibt auch Menschen die schneiden mit links.« Luca (9): »Ja, die sind aus England.«

Meela (5): »Mama, wie sind die Menschen eigentlich früher ohne Computer ins Internet gekommen?«

Leon (6) nach dem Frühstück: »Papa, wenn wir das Glas jetzt immer für Kakao nehmen, dann müssen wir es nicht mehr abwaschen.«

Joshua und Severin (beide 5) unterhalten sich über Blindenhunde.
Joshua: »Was die für tolle Sachen können. Und das, obwohl sie blind sind …«

Als Mama rückwärts ausparkt, piept die Parkhilfe unaufhörlich.
Melina (4): »Mama, weißt du eigentlich, was du da tust?«

Lilly (5) mit Mama im Theater.
Während sich der Vorhang zur Pause schließt, fragt Lilly: »Ist es jetzt schon zu Ende?«
Mama: »Nein, es ist nur Pause.«
Lilly: »Ach, dann kommt jetzt Werbung.«

Onkel am Telefon: »Leon, ist dein Papa da?«
Leon (4): »Ja. Ich bringe ihm den Hörer. Halt
dich fest, ich laufe los ...«

Torben (4): »Papi, wer schneller angezogen ist, hat
gewonnen!«
Papa: »Okay, los geht's.«
Torben: »Halt, du musst zuerst mich anziehen.«

**Papa und Zoey sind einkaufen und stehen an der
Kasse. Die Kassiererin spricht mit der Kundin
(ostfriesisches) Plattdeutsch.
Zoey zu Papa: »Können die kein Deutsch?«**

Oma und Opa fahren den kleinen Aaron (4) nach
Hause. Der Weg ist weit, und Oma blödelt mit Aaron.
Dabei lachen beide oft sehr laut.
Irgendwann sagt Opa ärgerlich: »Seid doch mal ein
bisschen ruhig, ich muss fahren und mich
konzentrieren!«
Darauf Oma lieb zu Opa: »Soll ich mal ein Stück
fahren?«
Opa verneint.
Darauf Aaron von hinten: »Opa, soll ich mal ein Stück
fahren?«

Noel (5) im Flugzeug, als es rückwärts
»ausparkt«: »Wenn wir die ganze Zeit
rückwärts fliegen, kotze ich!«

Lara (5) sieht Mama zu, wie sie Yoga zu einer Übungs-DVD macht: »Mama, das sieht bei dir ganz anders aus als bei der Frau im Fernseher.«
Mama: »Wieso?«
Lara: »Die ist nicht so nass wie du!«

Aisha (3) will den Film nicht zu Ende schauen.
Mama: »Dann weißt du doch gar nicht, wie es ausgeht.«
Aisha: »Dohoch, mit der Fernbedienung.«

Kevin darf ohne Schwimmflügel ins Wasser.
Mama ruft: »Geh bitte ganz schnell wieder an den Rand.«
Kevin: »Schon okay, ich lass den Mund zu, dass ich nicht ertrinke.«

Die Familie schaut zusammen ein EM-Spiel.
Florian (7): »Wie heißt der, der das Tor geschossen hat?«
Mama: »Müller.«
Lukas (4): »Der macht auch die Müller-Milch!«

Hochwasser auf dem Land.
Papa ist als Feuerwehrmann im Einsatz und ruft irgendwann zu Hause an: »Silvia, schau mal bitte nach, ob wir Wasser im Keller haben.«
Silvia (6): »Aber du warst doch gestern einkaufen …«

Hannah (6) beim Aussuchen einer neuen Winterjacke. Mama findet eine sehr schöne mit Schmetterlingen.
Hannah vorwurfsvoll: »Mama! Im Winter Schmetterlinge? Das ist ein absolutes No-Go!«

Daniel (5): »Papa, wie haben die Ritter früher ihr iPhone aufgeladen?«

Papa und Opa unterhalten sich über eine Einbruchsserie.
Papa: »Aber eine Bande mit drei Männern wurde jetzt geschnappt. Die wurden auch verurteilt. Drei bis fünf Jahre.«
Mia (7) völlig entgeistert: »Was? So alt waren die nur?«

Cara (3) sucht sich ein Pixibuch aus. Sie will unbedingt selbst bezahlen, hält der Kassiererin den 10-Euro-Schein hin und sagt: »Stimmt so.«
(Dazu muss man wissen, dass Pixibücher nur 1 Euro kosten ...)

Denise (6) kommt singend und tanzend von der Schule nach Hause.
Mama: »Warum tanzt und singst du denn?«
Denise: »Damit die Leute lachen. Die gucken ja sonst immer alle so böse.«

Ein vor ihnen fahrendes Auto kommt einfach nicht in die Pötte, Mama und Papa seufzen genervt.
Fritz (2) fragt: »Was ist?«

Olivia (5) antwortet ganz abgeklärt: »Da fährt einer scheiße.«

Mama ist mit Lou (4) im Auto unterwegs.
Mama: »Kann der Idiot sich mal bitte beeilen?«
Lou: »Mama, kennst du den?«
Mama: »Wie kommst du denn darauf?«
Lou: »Na, woher weißt du denn sonst, dass der ›Idiot‹ heißt?«

Mama (25) macht gerade den Führerschein.
Kijara (3) fragt: »Fahren wir jetzt mit dem Auto statt mit dem Bus?«
Mama: »Nein, ich darf noch nicht alleine fahren.«
Kijara: »Aber Mama, du bist doch nicht alleine. Ich bin doch dabei.«

Svenja (4) spielt mit einem kleinen Bällchen im Garten, Mama arbeitet im Beet.
Nach ein paar Minuten: »Mama, ich hab meinen Ball verloren.«
Beide suchen vergebens.
Mama möchte sie trösten: »Ach Mäuschen, der wird sich irgendwann finden.«
Darauf Svenja: »Aber der kann sich selbst doch nicht suchen.«

Marco (5) ist bei seiner Tante zu Besuch und spielt dort mit seinen Cousinen.

Irgendwann kommt er ins Wohnzimmer, bunt wie ein Papagei, und fragt seine Tante: »Hast du noch Gliedschatten?«

Betty (4) zu Oma: »Ich hab jetzt ein Skateboard zu Hause.«
Oma: »Kannst du denn damit schon fahren?«
Betty: »Nee, aber ich kann schon gut runterfallen.«

Mia (7) sieht eine Glasflasche, in der Sand verschiedener Farben zu einem Bild zusammengestellt wurde (ohne dass der Sand zerfließt).
Sie fragt: »Papa, wie haben die das gemacht?«
Papa: »Weiß ich auch nicht.«
Mia: »Ich schau einfach bei Facebook nach.«
Nach einer Pause: »... wenn ich irgendwann mein eigenes Handy habe.«

Papa ermuntert Mia (8) im Restaurant, das Mädchen am Nachbartisch zu fragen, ob sie mit ihr spielen möchte, aber sie traut sich noch nicht.
Papa: »Fragen kostet doch nichts.«
Mia: »Doch, Mut!«

Adel Tawil singt: »Ist da jemand, ist da jemand?«
Darauf Emma (4), genervt: »Da ist keiner!«

Mama: »Geburtstagskinder haben heute einen Musikwunsch frei!«
Silas (5): »Mama, hast du Kopfschmerzen?«
Mama: »Ähm ... nein?«
Silas: »Dann will ich Rammstein hören!«

Die Eltern sprechen über den bevorstehenden Umzug.
Rosi (4): »Das wird harte Arbeit, vor allem das Haus ist ganz schön schwer ...«

Mama saugt die Wohnung.
Manja (5): »Wer kommt denn heute?«
Mama: »Niemand, wieso?«
Manja: »Du saugst immer nur, wenn Besuch kommt!«

Im Radio läuft der Song »Mmm Mmm Mmm Mmm« von den Crash Test Dummies.
Nach dem Gesumme sagt Fabiane (5): »Die haben wohl den Text vergessen.«

Simon (6): »Ist Arsch der Welt weit weg? Muss man da lange fahren?«

Mama möchte mit Linus (4) vom Restaurant nach Hause nicht mehr mit dem Auto fahren, sondern laufen, da sie Wein getrunken hat.
Linus, der nicht laufen möchte: »Ich kann doch fahren, ich hab nur Schorle getrunken.«

Um die ganze Welt des
GOLDMANN Verlages
kennenzulernen, besuchen Sie uns doch
im Internet unter:

www.goldmann-verlag.de

Dort können Sie
nach weiteren interessanten Büchern *stöbern*,
Näheres über unsere *Autoren* erfahren,
in *Leseproben* blättern, alle *Termine* zu Lesungen und
Events finden und den *Newsletter* mit interessanten
Neuigkeiten, Gewinnspielen etc. abonnieren.

Ein *Gesamtverzeichnis* aller Goldmann Bücher finden
Sie dort ebenfalls.

Sehen Sie sich auch unsere *Videos* auf YouTube an und
werden Sie ein *Facebook*-Fan des Goldmann Verlags!

www.goldmann-verlag.de
www.facebook.com/goldmannverlag

GOLDMANN
Lesen erleben